传统文化与
中国式现代化

王蒙　王学典
对谈录

人民出版社

策　　划：辛广伟

责任编辑：刘志江　陈光耀　毕于慧　刘　畅　朱云河　邓浩迪

特邀编辑：王　萍

装帧设计：王欢欢

责任校对：东　昌

图书在版编目（CIP）数据

传统文化与中国式现代化：王蒙王学典对谈录／王蒙，王学典 著．—北京：
人民出版社，2024.5
ISBN 978－7－01－026617－6

Ⅰ.①传…　Ⅱ.①王…②王…　Ⅲ.①中华文化－关系－现代化建设－研究－
中国　Ⅳ.① K203 ② D61

中国国家版本馆 CIP 数据核字（2024）第 105154 号

传统文化与中国式现代化

CHUANTONG WENHUA YU ZHONGGUOSHI XIANDAIHUA

——王蒙王学典对谈录

王蒙　王学典　著

人 民 出 版 社 出版发行

（100706　北京市东城区隆福寺街 99 号）

北京中科印刷有限公司印刷　新华书店经销

2024 年 5 月第 1 版　2024 年 5 月北京第 1 次印刷
开本：710 毫米 ×1000 毫米 1/16　印张：13.25
字数：160 千字

ISBN 978－7－01－026617－6　定价：52.00 元

邮购地址 100706　北京市东城区隆福寺街 99 号
人民东方图书销售中心　电话（010）65250042　65289539

目
录

序　言

　　近两个世纪以来，中华民族这个"超稳定"的文明古国、大国，她的亿万人民，她的博大精深、源远流长的文化传统，面临严重挑战。核心课题是要不要、如何面对列强前所未有的压力而生存发展，要不要、如何自立于民族之林、摆脱老大帝国的积贫积弱，获得安全、繁荣、幸福、强盛。

　　于是有了洋务、体用之说，有了中兴、启蒙、变法、改良的实行，有了对于"少年中国"的呼唤，有了君主立宪与民主共和之争，有了戊戌变法、辛亥革命，有了五四运动，有了中国共产党的诞生。在这个舞台上，出现过康梁、谭嗣同等戊戌六君子、孙中山、李大钊、陈独秀、鲁迅……

　　然后有了共产党领导的新民主主义革命，有了毛泽东与毛泽东思想的"两个结合"，有了中国式现代化路线与王明的苏式现代化、胡适的美式现代化思潮的斗争。

　　有了五星红旗迎风飘扬的中华人民共和国，有了一个又一个五年计划，有了中国人民站起来了，有了摸着石头过河书写伟大历史的艰辛，有了改革开放、中国特色社会主义，有了全面小康的实现。我们改变了中国历史，我们传承了中国历史，我们创造了全新的中国历史。

现在更有了习近平新时代中国特色社会主义思想、中国梦，尤其是义无反顾、清楚明白坚决的"中国式现代化"定义。

习近平文化思想给了我们一把钥匙。此时此刻，回望历史，我们比以往任何时候都更富有文化自信，对传统文化的解析与继承都更有领悟，对文化的创造性转化与创新性发展也更加自觉。

而作为文学人，我念念不忘《红楼梦》的超前突破性宣示，它是提前吹响的预警哨音。它是中华民族文化内部的驱动活力与自省智慧，是发展能量厚积千载的雷鸣电闪。

面对前所未有的历史变局，面对新发展、新前景、新挑战，回顾千年、百年、七十五年的历史，我们需要温故、需要总结再总结，需要学习领会探讨新时代文化格局纲领与多方议题，需要学习、学习、再学习。我们需要开拓文化资源，创造文化新成果，推动建设中华民族现代文明。

更何况，关于现代化、全球化，这是全人类共同面临的问题。一方面是大势所趋，难以回避；另一方面，则各有所见、所虑、所追求、所批判、所失落、所撕裂与冲突。

有幸就此与著名的历史学家王学典对谈，小说家言与学者说论切磋应和，学而时习之，其乐何如？启迪增益，豁然何如？请读者指正纠错吧！学习对谈，也是摸着石头过河啊，有朋友与你面对面，有书友批评，不亦乐乎？

王　蒙

2024 年 5 月 13 日

导论：如何对待传统，如何对待现代？

为何以及如何在实现现代化的同时又要保留传统？这是一个非常尖锐的问题。对后发现代化国家来说，把现代化看作是救亡图存的必由之路还是灾难，是追求还是对抗，攸关任何文化大国、文明古国的生死存亡。因此，如何平衡传统与现代化的关系，对所有后发现代化国家来说都是重大课题。现代化在人类历史上已经呈现了种种不同的经验、教训、风景与奇观，这个问题也是中国这个超大规模的国家必须面对的严峻挑战。

经过近两个世纪的摸索，现在我们终于认识到，"中国式现代化是赓续古老文明的现代化，而不是消灭古老文明的现代化；是文明更新的结果，不是文明断裂的产物"。这也就是说，中国式现代化必须同时处理好两大问题，这也是整个 20 世纪非西方的后发现代化国家所必须共同面对的两大问题：如何对待现代？如何对待传统？

我们今天看到的现代化是从西方传统中自然生长出来的。现代西方国家虽然存在着正义、宗教信仰、人道主义与现代化过程中的阶级分化与民族与国家的分化的难题，但是传统与现代的冲突问题并不是特别尖锐；而在广大的非西方的国家和地区，现代化则是异质的外来事物，它的出现甚至意味着非西方国家和地区原有的历史进程被打断。所以，对广大的后发现代化国家而言，如何实现平稳过渡、平稳转型、有效发展，就成了关键问题。而其中最重要的则是如何平衡传统与现代之间的关系，如何把现代化与固有的历史文化传统衔接起来。激进当然不行，退避则问题更大。

从中国来看，近代以来代表现代工业文明的西方与中华古老农耕文明的相遇，才使中国真正进入传统与现代的冲突之中。中国能不能吸纳那些给我们提出挑战的现代化文明成果，使我们中华民族再次站在世界文明前列，而与此同时中华文化的血脉又得以延续，这是中国在 20 世纪伊始就面临的一个非常重大并且迄今尚未全部完成的任务。今天我们在欢呼中国式现代化的同时，仍须深思与探索。2023 年 6 月 2 日，习近平总书记在文化传承发展座谈会上明确提出："对历史最好的继承就是创造新的历史，对人类文明最大的礼敬就是创造人类文明新形态。希望大家担当使命、奋发有为，共同努力创造属于我们这个时代的新文化，建设中华民族现代文明！""建设中华民族现代文明"的提出，是中国回应如何平衡传统与现代关系问题的新时代思想精华，是揭示中华民族伟大复兴宏伟目标的重要标志，也是摆在当前思想理论界面前头等重要、亟须回答的时代命题。

这一重大时代命题的提出，促使我们持续且深入地思考如下问题：

如何在新的时代条件下建设中华民族现代文明？这关乎新时代的中国道路，关乎中华民族的伟大复兴，关乎中华文明的现代命运。建设中华民族现代文明命题的提出，就是要向世人明确宣示，中国是要与世界主流相通，是要走中国式现代化这条历史必由之路，是要参与创造人类现代新文明。由此，中国式现代化就是建设中华民族现代文明，进而实现中华民族伟大复兴的现实路径。

我们随之而来的思考是，中国式现代化面对的是什么问题？我们认为，中国式现代化要同时处理好两个课题：其一，中国式现代化是在西方化之外的中国道路，是在西方民主模式之外的现代化，是中国特色社会主义的现代化。

迄今为止实行现代化的国家，也就是世界上那些最发达国家，无论是七国集团还是其他发达国家，他们全都是在西方民主宪政框架之内实现的现代化。从目前来看，只有中国是在西方民主宪政框架之外，走出了一条独特的不同于西方的现代化道路。当然苏联也曾实现了现代化，但苏联解体了，它的现代化道路有惊人的进展，同时也是有巨大问题的。而今天的俄罗斯仍然是在西方民主宪政的框架之内，同时又不断受到西方国家否定与指责。在中国共产党第二十次全国代表大会上的报告中，我们党从理论上回答了长期以来特别是中国成为第二大经济体以来，国内外普遍关心的重大问题：在西方的民主宪政之外，究竟有没有一条最后能走得通的现代化道路？也就是说，在现代化道路的选择上，我们能否在欧美范式之外，缔造一个现代化的中国范式？这就是中国式现代化道路。所以，中国式现代化就是西方民主宪政之外的现代化，就是坚持党的领导与中国特色社会主义制度的现代化。

环顾世界，有苏联的五年计划以及计划经济的现代化，有日本军国主义侵略他国且大败涂地、依附美国重新生长与意欲有所动静的现代化，有伊朗前王室脱离人民、腐败无能、被打倒、国家民族被迫另做选择的现代化，还有阿富汗式、纳米比亚式、苏丹式、也门式多灾多难的现代化或反现代化，和正在获得进展并面对一系列纷争麻烦的印度的现代化。人类走向现代化的一切经验，都是我们的认知资源库。

其二，中国式现代化是在历史中国延长线上的中国道路，是赓续传统的现代化。中国式现代化为什么一定不能割裂传统，为什么一定要经由优秀传统文化的继承和创新呢？中国式现代化的道路有相对固定的轨道，这个轨道是由中华文明的历史惯性和文化基因决定的。唐代魏征认为："求木之长者，必固其根本；欲流之远者，必浚其泉源。"新时代中国道路的根和源，也要从历史中国之中去寻找。从世界历史发展规律的角度上看，德国哲学家雅斯贝尔斯将公元前 500 年左右的时期称为人类文明的"轴心时代"。在这一时期，东西方各个文明都出现了一些伟大的思想家和思想流派，他们最早提炼出了一套人类社会赖以运行的基本价值准则，铸就了不同文明的演进道路，塑造了各自的文化传统和民族认同，形成了世界上最早的几个文明核心，奠定了此后两千多年世界人类文明的基本格局。在这样的状态下，人与人之间如何相处、国与国之间如何交往？人类如何建构一个理想社会？古代先贤们给我们提供了一系列准则。所以后世的思想演进和文明突破，总要不断回望轴心时代之光辉，进而"探明我们在历史总体中的地位"，寻找新的方向。中国的文化基因同样产生于轴心时代，产生于诸子百家时代，而中华文明的当代发展也必然在中华历史文化传统的延长线上进行。

同时，近代以来在启蒙思想下"擅理性""役自然"的现代化进程在为人类带来巨大进步的同时，也摧毁了对人类来说仍有意义的传统价值。美国学者艾恺认为，现代化进程"对社会的传统礼俗、民族文化的继承等所造成的破坏"，实际上造成了"一个古典意义的悲剧"，"每个人对平等、个人主义、科学和现代工业等给予高度评价，然而同时也为传统生活、家庭伦理、与自然相契合大声疾呼"。这两组欲求的冲突现象在各国家、各地区、各民族都具有相似性，因而引发了世界范围内的反思工具理性与价值理性之矛盾、反思现代化的浪潮，由此逐步揭开了人文精神复兴的思潮。这是我们不能完全抛弃传统的深层次缘由。

因此，实现中华民族伟大复兴，必须在弘扬中华文明的传统中进行；建设中华民族现代文明，也一定要经由中华优秀传统文化的继承和创新。传统儒家所提倡的仁、义、礼、智、信，所倡导的温、良、恭、俭、让，发展到今天依然具有重要的价值和意义。所以我们必须从传统中挖掘适合新时代的价值内涵，弘扬全人类共同价值，推动"古老文明"创造性转化和创新性发展，在继承传统的基础上建设中华民族现代文明。

那么，应该如何理解、如何对待中国的传统呢？我们认为，中国在数千年文明发展的道路上，孕育了自己的、不同于西方的文明与文化特征。中国具有自己的国情，中国是超大型、多民族、长历史的国家；中华文明具有与西方文明不同的特质，具有连续性、创新性、统一性、包容性与和平性；中国具有自己独特的政治文化，中国崇尚中庸原则、贤能政治和道义经济等。新的时代条件，决定了我们必须创造属于我们这个时代的、与中国式现代化相匹配的、对西方文化有竞争力的新文化与新文明，并最终实现建设中华民族现代文明的宏伟目标。中华民族现代文明的建设、人类文明新形态的培育，既不能简单照搬西方的现代化，也不能完全照搬中国的传统文化；新形态、新道路、新文明的开创，是在传统与现代之间的中庸之道，是在继承与开新之间的再创造。而新文化与新文明的生发，必须通过推动传统文化的创造性转化与创新性发展来进行，必须从接纳现代化和理解中华文明及中国传统入手。换言之，中华民族现代文明的根底也应该是新的伦理价值的确立，并通过将其融入社会生活、内化为生活方式而真正发挥作用。

一、如何把握中华文明的特性与未来？

王学典：王蒙先生您好！多年来持续拜读您的文章和文集，很受启发，获益颇多，一直盼着能够有机会当面向您学习请教。习近平总书记提出了"建设中华民族现代文明"的重大理论命题，引发了理论界、学术界的热烈讨论，我们也一直在密切关注相关的讨论。此次我们一起讨论相关问题的机会非常宝贵。我也在不同场合聆听了您的高见，此次终于能够有一个请教的机会，很荣幸！

 王　蒙：学典教授好！所以我们此次对话也是这个讨论热潮的一部分。我认为"建设中华民族现代文明"号召的提出，着眼于中华文明与中国式现代化的接轨。在这一号召之下，我们中国现代化的文化学，必然会从此登上新的台阶，我们对习近平文化思想的领会与实践，也将提高一个层次。

您在中国政协刊物上发表的讲演稿，读后很受鼓舞。您对文化问题的论述有别于说古怀旧，而是从学习习近平文化思想这个关键角度入手，高瞻远瞩地进入文明论与文化学相关领域。

我个人其实缺乏文明史、文化学、比较文化学与中国文化史等方面的专业学养。我只能谈一些近九十年的生活实践经验中对于人生、生活、社会的亲历、亲闻、感受、体会、摸索乃至于猜测与臆度。我认为，正像文艺工作者喜欢说文艺的源泉是生活一样，文化、文明、真理、学问都是生活的出品，都要接受实践的检验；而生活的积累是历史、是记录、是证词。我从人们的生活方方面面说起想起，也许是很不专业的。如果能够得到教授专业性的评点、梳理、整饬、加工、提升、调整，其乐将何如！所以我冒昧希望得到与您切磋交流的机会。

王学典：能够有这个宝贵的机会向您请教学习，是晚辈的荣幸！您强调的中华文明与中国式现代化的接轨，高度契合习近平总书记"对历史最好的继承就是创造新的历史"的讲话精神。

习近平总书记强调："只有全面深入了解中华文明的历史，才能更有效地推动中华优秀传统文化创造性转化、创新性发展，更有力地推进中国特色社会主义文化建设，建设中华民族现代文明。"因此，深刻认识和理解源远流长的中华优秀传统文化和博大精深的中华文明是尤为核心的问题。进而在建设中华民族现代文明的号召下，我们如何平衡传统与现代化之间的关系？如何在实现现代化的同时又保留传统？我们能不能吸纳给我们提出挑战的现代化的文明成果，从而使中华民族站在世界民族文明之巅？我感觉这是摆在我们面前的、非常重大的问题。我非常期待向您请教，听取您的高见！

王　蒙：回想起来，国人特别是知识界对于文化传统的认识有一个曲折的过程。长久以来，"半部《论语》治天下"与"问以经济策，茫如坠烟雾"同在，"天命之谓性，率性之谓道"与"存天理，灭人欲"同在；后来是辜鸿铭天真执拗的"赤子之心和成人之思，过着心灵生活"之中国精神论，魏源的"师夷之长技以制夷"，还有张之洞的试图更新与稳妥并重的"中学为体，西学为用"论；又出现了鲁迅的"拿来主义"与胡适的"事事不如人"，同时"十月革命一声炮响，给中国送来了马克思列宁主义"。我们经过资产阶级民主革命、新民主主义革命、社会主义革命与社会主义建设、改革开放和社会主义现代化建设，进入了中国特色社会主义新时代，于是有了中国梦、文化自信、"两个结合"、中国式现代化！

　　正是活力充沛的中国共产党、中国人民的生活与奋斗，承载着中华文明与中国文化传统；而中国巨变，中国翻天覆地的发展变化，显示着中华文明与中国文化的新生力量。谈传统，谈历史，是我们今天的活的传统的存在、功能与转化、创新的体现。

　　从这个意义来看，正确把握中华文明的特性确实是核心问题。习近平总书记在文化传承发展座谈会上的讲话中提出了关于中华文明的五个方面的突出特性：突出的连续性、突出的创新性、突出的统一性、突出的包容性、突出的和平性。这是一个重要的宣示。这是建设中华民族现代文明的方向，是对于中华优秀传统文化具有根本性意义的总括梳理与开拓引领，是党的文化战略筹谋，还是对于中国当今的道路、制度、理论与文化选择的追根溯源与深度阐释。

（一）中华文明的连续性与文明自信力

　　王学典：习近平总书记提出的中华文明五大特性，是我们深入理解中华文明的核心。习近平总书记在给《文史哲》全体编辑人员的回信中强调："增强做中国人的骨气和底气，让世界更好认识中国、了解中国，需要深入理解中华文明，从历史和现实、理论和实践相结合的角度深入阐释如何更好坚持中国道路、弘扬中国精神、凝聚中国力量。"同时我们也注意到，习近平总书记还提出了建设文明新形态的号召。我最近在思考的一个问题是，为什么文明的新发展和思想的新突破能够而且必将在中华文明的基础上产生？回答这个问题，我想还需要从习近平总书记对中华文明五大特性的判断谈起。

　　王　蒙：习近平总书记关于中华文明特性的宣示，是很有深意的。这揭示了我们对于中华优秀传统文化进行创造性转化与创新性发展的方向，提高与加深了我们对于中华文明以及深受中华文明影响的东方文明在当今人类命运共同体中的地位与使命的把握，提高与加深了党在新时代前所未有的变局中高瞻远瞩、未雨绸缪的历史理解力与实践自信力。

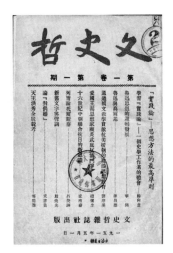

　　《文史哲》，创刊于 1951 年 5 月 1 日。2021 年 5 月 9 日，在创刊 70 周年之际，习近平总书记给《文史哲》编辑部全体编辑人员回信。

　　中华文明五个方面的突出特性是一个整体，有它的内在的思辨逻辑，是数千年中华文明的最新理论成果。可以说，连续与统一，是我们的旗帜与力量所在，是我们的文明的完整性与自洽性所在。创新与包容，是我们的文化发展的光明大路，是中华文明得以连续与统一的重要成因。和平——天下太平，则是我们的文明的主题，是人类世世代代的愿望，是中华民族现代文明对于中华历史文化的传承弘扬，也是我们对于人类命运共同体的预期、责任与贡献。习近平总书记关于中华文明五个方面的突出特性的宣示，是意味深长的，是需要特别重视的。它是对中华优秀传统文化的总结与概括，是对博大精深、源远流长（有时又是泛漫混沌）的中华文化的现代性优化理解与把握，同时是中国共产党的中国式现代化的文化战略与文化引领。这正是中国式现代化的文化渊源与驱动力所在，是对中国式现代文明、现代文化的清醒站位与定性。

理解中华文明的特性，我们可以探索与思考中华文明的综合理解与阐释，基本的价值认知与价值信念，基本思路与思想方法，语言文字的特质与思想方法的总体性与整合性；还可以思考古老的中国文化的变易性、发展性、创造性与连续性、非断裂性、同一性的关系，以及"天不变，道亦不变"与"与时俱化""苟日新，日日新，又日新""穷则变，变则通""大曰逝，逝曰远，远曰反"的关系。

那么，为什么中华文明能够饱经风雨，连续长久并发展至今？我的理解是，连续性使中华文明生生不息、自成体系，屹立于世界文明之林。连续性表现了中华文明的韧性、实践性、有效性与自我修复、调整、抗逆、因应、纠错能力。在世界历史上曾经作出过辉煌贡献的其他几种文明样式，都在各种破坏力的冲击下中断了，只有中华文明延续至今，这不是偶然的。

首先，从文化本身来看，中华文明具有一种坚韧勇敢、披荆斩棘、刻苦奋斗精神，是我们的宝贵精神遗产。愚公移山、卧薪尝胆、精卫填海、刑天舞干戚、铁杵磨成针，直至20世纪中国共产党人的二万五千里长征精神，罕有其匹。

其次，我们的文明还有一种实事求是、知行结合的精神。士人治学，首要在于经世致用，修齐治平。我们信服的是"登高自卑，行远自迩"，民间讲的是"脚踏实地""量体裁衣""因地制宜""因时制宜""到什么山上唱什么歌"。至今共产党人不会忘记"实践是检验真理的唯一标准""不唯上，不唯书，只唯实""空谈误国，实干兴邦"的经验教训与"摸着石头过河"的探索求实精神以及因应调整的文化创新精神。

我们的文明还有一种相反相成、辩证统一、灵活机动、兵来将挡的哲学与谋略智慧。中华文明有"惟精惟一，允执厥中"的智慧，即《尚书·大禹谟》中讲的道与术的精通融贯、恰到好处。这种智慧带领中华民族多少次转危为安、遇难呈祥、连续并且统一下去，创造而且发展开拓下去。

 王学典：经过您的生动解读，我们对中华文明连续性的理解又加深了！中华文明之所以能够数千年屹立不倒，之所以能够经受近代以来西方文明的严峻冲击和挑战，我认为首先是因为中华文明就像一辆有轨电车，自古以来有自己固定的轨道。

中华文明是世界上唯一自古延续至今、从未中断的原生性文明，长期以来高度发达，对周边国家和地区保持着巨大的优势和吸引力。中华文明不仅从未被外来文化所覆盖、征服，更发展出强大鲜明的本位意识和开放包容的政治文化，去面对周边族群和外来文明。由此带来的巨大历史惯性和深刻文化基因，从根本上决定了中华民族必然走自己的路。"只有立足波澜壮阔的中华五千多年文明史，才能真正理解中国道路的历史必然、文化内涵与独特优势。"所以中华文明的现代化，必须走在中华文明历史文化传统的延长线上。

中华民族几千年来生生不息，一个重要的原因就是有信仰、信念、信心。它们熔铸为中华文明的底色，融进我们的骨子里、血液中，并绵延不绝。放眼全世界，只有中华文明不曾中断，而是一脉相承，不断发展创造新的辉煌，这并不是因为中华大地得天独厚。事实上，我们翻开中国历史可以看到，灾难、战争不曾停歇，尤为深重；但同时，中国人总是愈挫愈奋、愈战愈勇，不管在何种艰难困苦的环境中，总是能开辟出自己前进的道路。中华优秀传统文化尤其是儒家学说塑造了中国人积极的心态和顽强的韧性，"君子以自强不息"，君子"温良恭俭让"，于是形成信心的基石，不断传承创新、兼收并蓄、发展壮大。在庆祝中国共产党成立 100 周年大会上，我们党宣告实现了第一个百年奋斗目标，在中华大地上全面建成了小康社会，历史性地解决了绝对贫困问题。这些辉煌的成就充分说明，中华文明能够持续兴盛，中国人的信心一以贯之、一往无前，这更让中华文明充满自信力，让我们充满底气。

王　蒙：中华民族的命运和经历远非一帆风顺、平直顺畅；中华文明与传统文化的经历也从来不是轻松愉快、八面威风。相反，我们的经验里包含了许多饱经忧患、屡陷危难、艰苦奋斗成分，更有转危为安、绝处逢生的悲情英雄主义成分。

儒学对中华文明的塑造发挥了重要作用。正如您说的，孔子提倡的"温良恭俭让"至今影响巨大。儒家的儒，在古代与"懦"字相通，我们的社会推崇的是谦谦君子，是彬彬文质，是仁政与王道，是"道之以德，齐之以礼"的软实力治国平天下，是文化立国，是正常与准确的中庸，是过犹不及、留有余地的包容与妥善恰当的分寸掌握拿捏。甚至在对儒家有许多批评的道家的主张中，也包含着上善若水、水利万物而不争，利而不害、为而不争，天道无亲、常与善人，无为而治、功成事遂，"百姓皆曰我自然"的中国古代无政府乌托邦主义，甚至这些主张是更加反战、反恶性竞争的。至于墨家之兼爱非攻，立场则尤其明确与坚决。

当然，对于主张温良恭俭让的、君子之风的、仁政与王道的儒家修齐治平理想主义，也绝对不能想得太天真。荀子就明确声明，一个诸侯国必须有战车，有武备，但软实力方面的获取人心，比一味军国主义更重要、更有效。这也就是孟子说的"得人心者得天下"，更是荀子的"水能载舟，亦能覆舟"。载舟覆舟论更有其深刻性：载舟论容易理解，权力系统必须得到人民的支持拥戴，按今天的说法，一切工作和事业都要以人民为中心，以人民的追求、人民的利益、民心的向背为准则；而覆舟论引申发扬下去就是一定程度的"造反有理"论，秦始皇不可谓不强，却还是灭亡于陈胜吴广的"王侯将相，宁有种乎？"的号召之中。所以我以为，覆舟论还应该包含革命、至少是民粹主义的意思。

而面对来自国外的民粹主义一词，我们不妨从孔孟的君子与小人的区别上来理解。民粹主义着眼于大多数的人民百姓，其量则伟，其格局则小微。这里还可以联系毛泽东所讲的尾巴主义来思考，并与命令主义、教条主义、经验主义、宗派主义、官僚主义联系起来考虑，思考历史与现当代的某些社会主义国家的"覆舟"经验教训。可以说一直发展到今天，新时代中国特色社会主义强调的是"江山就是人民，人民就是江山"，这在中国，其立论角度与历史性意义也绝非一般。

我们的文明，拥有光辉的历史成就，也不乏多灾多难的锤炼；受到巨大敬意，也在近现代落后挨打，饱受侵略、宰割和耻辱；我们拥有历史悠久与丰厚的文化资源，也为近二百年来科技的落后与国力的衰退而痛苦反思、艰难求索。历史经验与文化积累，中华精神与中华智慧，中华文明史多方面地深入炎黄儿女心魂，成就了中国共产党人改天换地、人民革命、建设社会主义、实现中国式现代化的理念与惊天功业，创造了中华民族现代文明的崭新历史篇章，很大程度上接近于实现民族复兴的中国梦。

中华文明、中华文化是中国的力量所在、同心同德的凝聚力所在，是独立自主所在与荣誉威望所在。正是中华文明以自己的丰富、仁爱、礼义、和睦的正道理念，经世致用的有效适宜与可操作性，以自己的多彩多姿的活力与吸引力，以自己的己所不欲、勿施于人的入理入情的说服力与感召力，一次又一次化解了中华民族内部的纷争，阻遏了森林法则的野蛮与霸权暴力，成就了中华民族与中华文明的再生、兴旺、发达、发展与连续；成就了中华民族的根与魂——彰显了别具特色的东方文明的伟大存在。中华文明的连续性造就了文明的悠久历史，这是培养我们的文明自信力的重要倚仗。中华文明的连续性有一种文明韧性的支撑。

文明发展与文化建设既是密切关联与反映时代特色的，又是相对恒久的。例如，大陆与港澳台，在社会制度、政治体制、意识形态上拉开的距离很大。当然，港澳回归后情况发生了显著变化。同时在语言文字、民俗节日、衣食住行、文化心态、思想方法、价值选择上贴近与相似乃至相一致的地方仍然极多，其文化的共同性任何人都无法视而不见。

我们考虑到文化文明积淀的长久性、稳定性、学术性、智慧性、创造性与精神品性，考虑到"东海西海，心理攸同；南学北学，道术未裂"（钱钟书）这一面，以及努力掌握主动权、导向不能丢、阵地不能丢的另一面，我们更需要有自己的文化大家，有自己的人文与文化人物荣誉与国家奖励体系。我们要通过实际操作，更多地体现与凸显我们的文明自信。

顺便岔出去，讲一个具体问题。对不起，这本来是我写小说的习惯，喜欢放射性结构思维，就是用放射和归拢的网结构部分地代替因果发展、前提条件结论的逻辑结构。我要说的是中国的具有提供综合信息功能的汉字，在维护国家与文化的连续与统一方面，作出了巨大的贡献。文字的连续与统一克服了地域乃至政治权力上的割据，克服了地理与生活习惯上造成的区别与隔膜，维护了中华文明的连续与统一，也推动了中华文明对于日本、朝鲜和东南亚地区的影响。

为此，我对于汉字正字在当下屡屡出现所谓的新规范，从而可能引起的某些变易感、不稳定与慎重感乃至轻率感，深感忧虑。例如，将"遇难呈祥"改变为"遇难成祥"，或者把二者并列起来，实际上淘汰了"遇难呈祥"的原义与正体。再例如，将我以为多半是出自纸牌的"幺鹅（子）"，即后来麻将牌的"幺鸡"的前身，先是标成"妖蛾子"再改成"幺娥子"，将之解释成"馊主意"，这种解释更偏离了这个词生事找麻烦的本义。

汉字不仅对于中国内地，对于港澳台，对于世界各地的华侨，乃至对于日文与部分公用商用韩文，也具有重要意义。我们一定要百倍地珍惜与维护中文汉字的稳定性、连续性与统一性。

（二）中华文明的创新性与文明生命力

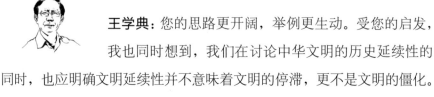

王学典：您的思路更开阔，举例更生动。受您的启发，我也同时想到，我们在讨论中华文明的历史延续性的同时，也应明确文明延续性并不意味着文明的停滞，更不是文明的僵化。这是因为中华文明同时具有突出的创新性，"中华文明是革故鼎新、辉光日新的文明""中华民族始终以'苟日新，日日新，又日新'的精神不断创造自己的物质文明、精神文明和政治文明"。正如郑玄解释《周易》之"易"，兼有"不易"和"变易"两种相反相成的意义，中国的文明也是一个不断发展变迁的过程，而不是一个不变的固化存在。我们绝不能将"传统"和"现代"割裂开来，忽视或否定中华文明发展创新的可能。

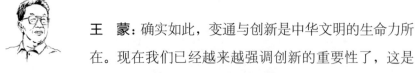

王　蒙：确实如此，变通与创新是中华文明的生命力所在。现在我们已经越来越强调创新的重要性了，这是一个关乎经济发展与社会前进的历史课题，同时也是一个关乎文化与文明的发展性、变易性、提升性的课题。民族的复兴离不开人民精神品质的优化、精神能力的活跃与发达。只有一个文明发展势头良好的民族，才能有创造力、有出息，才能创造出对人类的较大贡献。

商代甲骨卜辞

甲骨文是迄今中国发现的年代最早的成熟文字系统，是汉字的源头和中华优秀传统文化的根脉。

文明的自信力与生命力，来源于中华文明悠久的历史。同时我们的文明的连续与统一是动态的、发展的，是不断创新的连续与统一。孔子的世界观、历史观与文化观表现为千古名句："逝者如斯夫，不舍昼夜。"而《礼记》早就强调了"苟日新，日日新，又日新"，《周易》上讲的则是"穷则思变"的改革与革命意识。

当代中国的"两个结合"，中国式现代化，全面从严治党，全面脱贫，巡视监督……是新时代的重要创新，它使我们当今的修身、齐家、治国、平（和）天下面貌一新，巍然屹立的中国共产党面貌一新，使马克思主义理论在我党我国的研究弘扬面貌一新，使我们的文化建设文化生活面貌一新。同时，中国共产党与政府以空前的决心与有力措施，推动着 21 世纪科学技术生产力的全面发展与升级，取得了重要成就。中国的发展不但改善了中国的国计民生，对于全球发展中国家也有普遍性意义。

现代性与全球化，在汹涌澎湃、响彻八方的同时也带来了种种困惑与质疑。例如，一些发展中国家，面临着现代化过程中的"认同危机"，即在现代化过程中失去自己的文化认同，从而产生了对于自己身份的主体感与失落感。还有在全球化商贸经济关系中的利害得失种种矛盾冲突。世界上反现代化、反全球化的声浪，同样不可小觑。正如发展中国家在现代化过程中遭遇认同危机一样，发达国家在全球化的现代化进程中也面临失去某些优势、强势、威权的危机感，以及一系列进出口贸易、移民、汇兑、国际工资具体难题与焦虑失衡。

中国式现代化的命题，关注、启发、促进了全球现代性的理论评估与操作拿捏，人们得到了"发展是硬道理"的鼓励，也越发关注现代化过程中相关麻烦的存在与解决，并坚定了我们走自己的现代化之路的信念。

发展是硬道理，这正是完全符合马克思主义所讲的生产力是社会基本矛盾运动中最基本的动力因素的观点，它是最终的决定力量。这是历史唯物主义的观点。

中华文明的创新性与包容性，具有不断更新与发展进步的活力与生命力。我们见贤思齐，见不贤而内自省，我们善于学习，能够接受、消化、发展人类的一切先进文化成果。20 世纪，西方政要如布热津斯基、基辛格、撒切尔夫人等对于苏联与东欧社会主义国家的改革没有任何正面评价，唯独看好中国的改革开放，并不是偶然的。

是的，中国的文化有自己的适应性，有自己的向前发展变化的动力。用孔子的另一句话说，就是"逝者如斯夫，不舍昼夜"，一切东西都像大河一样，在那不断地流动着。孔子又提倡见贤思齐，就是你看到好东西你就要学。孔子提倡学而不厌，你总是要学习，诲人不倦，你自己学到的东西，还要教给别人，永远不感到疲倦，不停滞，不呆板拘泥。这都是改革开放的精神。正是不断创新与学习、吸收新的东西，中华文明才有连绵不

（明）佚名：《孔子圣迹图·删述六经》

由于孔子羡慕周代完备的礼乐文明，于是他对周代所遗留下来的文化遗产——六经进行整理。整理本身就是一种创造，删去了他认为无用的，留下了他认为有益的，这个标准就是周代礼制观念。孔子对六经的整理赋予了这些经典新的价值与意义，使之成为中国古代文化的源泉。

绝的生命力。

《三国志》上很早就说，识时务者为俊杰。用庄子的话说，叫"与时俱化"，就是随着时间的变化，你会有各种调整，会有各种新的发现、新的发明。

中华文明的创新能力、见贤思齐能力与汲取消化能力、发展能力、适应能力、变而后通的能力还来自大国文化的宽阔性与多样性。在传统中国，有儒家的人际与社会正义感；道家的辩证思维与对于天地自然所呈现的"道"的敬畏尊重，对于人的主观能动的某种约束与清醒，道家的"天之道损有余以补不足"的替天行道的造反起义精神，"哀兵必胜"思想以及对于被压迫被剥削群体的同情；法家的富国强兵、依法治国主张；墨家的反战与献身苦行精神；佛家的"我不入地狱谁入地狱"与"地狱不空誓不为佛"；以及民间"先小人后君子""先下手为强，后下手遭殃""马无夜草不肥，人无外财不富""吃得苦中苦，方为人上人""山穷水复疑无路，柳暗花明又一村""量小非君子，无毒不丈夫""天下没有不散的筵席""饿死没眼的，撑死大胆的""天无绝人之路""退一步海阔天空""好死不如赖活着"，还有清代两广总督叶名琛的"不战不和不守，不死不降不走"；等等，种种民粹、流民、光棍哲学，同样是"博大精深"。当然个中有精华与糟粕、道与术、纲与权宜的差别、矛盾与或向对立面的转化等各种现象事例。

在历史的变动中，在家国命运的曲折坎坷中，中华文明确实做到了"东方不亮西方亮，黑了南方有北方"，十八般兵器，十八般境遇下，常有一两种出彩。几千年的中国文化、中华文明，有了太多的应对预案、灵感渊薮、以弱胜强、以小胜大、逢凶化吉、遇难呈祥，可以百折不挠、愚公移山，置之死地而后生、陷之绝域而后兴，我们这个民族才能在艰难丛生中兴旺连连。

王学典：传统经过创新才有旺盛的生命力。正如您所说，中国的改革开放是重大的创新，它开创了中国式现代化道路。传统文化与中国的变革、改革与进步之间的关系，在 20 世纪的中国是被反复提起的一大命题：五四时期、80 年代的"文化热"时期，都曾一次又一次提起此一命题。党的十八大之后我们再一次提起了这一命题，这一次提起的特别意义在于：这是第一次从正面角度的反思。而以往每次提起，都导致对传统文化与改革关系的大面积解构和更深刻的质疑，曾经认为孔夫子应为中国落后挨打负责，传统文化应该为"文革"的发生负责。20 世纪 80 年代，人们甚至还形成了一种更为普遍的认识，那就是以儒学为代表的中华传统文化，是封闭的、落后的、僵化的、保守的、不能与时俱进的，是中国走向现代化的绊脚石。但是，这一曾被认为已经僵化了的中华传统文化，却并没有如很多人所曾经预期的那样，走向其必然死亡的命运，并且不仅没有死亡，反而在新时代展现出绵延不绝的生命力。

如果说曾引起世界关注的"亚洲四小龙"的崛起，还只能算是处在儒家文化边缘地带的话，那么 20 世纪 80 年代以来的中国，以其强劲的发展势头，迅速成为世界经济的引擎，则是在儒家文明的腹地上实现了自身的崛起。而中国经济的腾飞，不仅没带来传统的死亡，相反，中国传统却随之再度大面积复兴开来。中国就崛起在中国传统之中，这一事实显然是对

"儒家文化阻碍现代化进程"等原有认识的巨大修正。这一事实也再度把这样一个问题推到我们面前：中国文化究竟为什么会绵延不绝？为什么会有如此强大的生命力？这一生命力如何进一步延续下去？

在这一点上我非常赞同您的理解，中华文明的强大生命力和延续力，来自中华传统文化丰富的通变智慧，来自中华文明所具有的一种能有效应对时代挑战的内部机制。这就是《周易》提出的"穷则变，变则通，通则久"的命题。

王先生，我们都知道与中国并称四大文明古国的古巴比伦文明、古埃及文明、古印度文明，都在历史的长河中消失了。除了这三个古老的文明，近六千年的人类文明史上，还曾经出现过其他众多的古代文明，如希腊克里特岛文明、美洲阿兹特克文明、玛雅文明、印加文明等，这些文明也都被掩埋在历史的黄沙之中。历经数千年的考验，鲜活地存在于现代世界的，唯有中华文明。英国历史学家汤因比曾将人类近六千年历史中出现的众多文

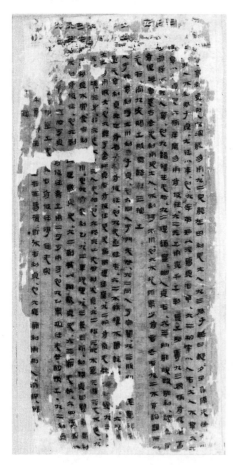

马王堆汉墓出土帛书《周易》

明，归纳为 26 个文明形态，其中 21 个成熟文明，5 个夭折文明。在这些
文明形态中，唯有中华文明始终保有自己的国土领地、始终保持其基本的
连续性，而且延续至今、从未中断过。

对众多文明中断与消失的原因，很多学者进行过探讨与总结，最后将
原因归结为以下三点：人口数量的激增、自然生态环境的恶化、外来民族
的入侵等客观因素。但是，所有这些问题，中国也曾同样多次遭遇过，而
且中国所遭遇的情形可能更为严重，比如中国人口的激增为世所公认，至
于外族入主中原的严重程度更是世所罕见。比如历史上的五胡乱华、金人
灭宋、蒙元帝国的建立、满族入关，这些王先生和我们也都耳熟能详。问
题在于，为什么中华文明战胜了这些严峻的挑战，甚至与入主中原的其他
兄弟民族调试、融合、团结，从而得以延续下来了呢？

这个答案看来必须从文明自身的特质中去寻找。汤因比的"挑战—应
战"模式可以带给我们启发。汤因比认为，在一系列的"挑战—应战"过
程中，决定文明生命力的，不是外部环境，即文明不是死于外部的、不可
驾驭的"刺客"的袭击，而是由于文明自身的性质；一个文明的生长，取
决于文明内部的自省与创新能力。按照汤因比的说法，我们可以将这种文
明内部的自省与创新能力称为"自决力"。有一些文明，虽成功应对了某
一项外部挑战，并因此形成了复杂的、强力有效的机制，但如果没有自决
力或自决力不够，则必然会僵化，并在面临下一个挑战时不可避免地衰落
直至死亡。只有具备足够自决力的文明，才具有不断回应新挑战的能力，
从而能够不断成长。

在我看来，中华文明数千年绵延不绝的秘密，就在于中华文明中所蕴
含着的强大的自决力，这就是儒家的通变智慧。在思想史领域，儒学"穷

则变，变则通，通则久"的自我更新能力表现最为突出。蒙老，我们知道，儒者本是一批以保存传播古代文献典籍为使命的人，守先待后是他们首要的自我期待。作为载道之文的经书，全靠儒者才得以传世。儒者是传统文化的守护者，但这并不意味着儒者便是不知变通的复古主义者。事实上，因、革、损、益，才是儒学的根本原则与基本精神。

王 蒙：精彩！所以不管多么好的文化传统，都怕陈陈相因、假大空套、自囿自限。而文化的多重性与复杂性，使我们当下某些文化人对"文化自信"的提法感到困惑。他们非常了解历史上中国文人老生常谈的可悲。"鲁叟谈五经，白发死章句。问以经济策，茫如坠烟雾"，李白讽刺的读死书无用文人不在少数；"寻章摘句老雕虫……文章何处哭秋风？"所以李贺也为呆板的学风感到悲哀。原地踏步就必然会出现老化、僵化、酱缸化腐变。早在唐代，天才诗人们已经痛感这个问题。元明以后，中国发展势头明显不济。到清代《红楼梦》中描写的荣宁二府的状况，暴露了其时中华主流文化已经捉襟见肘，难以应对多方危难的窘态。可以说，《红楼梦》正是中国封建社会走向没落、孔孟主流文化出现危机的一声警钟。

而到了1840年的鸦片战争，面对列强，中华文明出现了全面深重的焦虑感与危机感。清末民初的文化大家王国维自沉，启蒙思想家严复终入保皇一党，后吸食鸦片而死，显现了文化危机的严重性。除了更新、革命、天翻地覆慨而慷，中华文明几乎已经无路可走，这才有了新文化运动对中华传统文化的反思与批判和各种境外思潮特别是马克思主义的引进。

只有不可救药的糊涂人，才会在强调继承弘扬传统的时候反过来否定革命与新文化运动的狂飙突进。

可以说，中国式现代化首先是革命的现代化，是您所引用的汤因比的"文化自决力"。儒家的见贤思齐、见不贤内自省，是一种自决力；因革损益的精神，通变精神，如您所说，是一种文化自身的自我更新功能。一日三省吾身、反求诸己、不迁怒不二过、深思己过，也是一种文化的反思与纠错精神。到了现当代，我们更明确提出执政党的自我革命观念。我们通过革命，翻天覆地，起死回生，清除腐朽，振兴民族文明与世道人心，推动与提升全民族、全社会的文化心理与精神状态。

中国革命和社会主义建设靠的是中国共产党。有了中国共产党，我国才能把十余亿中国人民团结凝聚在一起，形成众人一条心、黄土变成金的社会主义国家体制，才能集中力量办大事，使中国站起来、富起来、强起来，才能稳定、发展、改革、开放、进步、优化，解决中国这样一个超级古国大国在现代化事业中的千难万险，做到统筹兼顾、做好疾速发展中的前进与平衡的方方面面。

 王学典：您讲得太对了！所以我们才能够认识到，时代不断变迁，不改就死，不革就亡，变则通，通则久。只有不断创新，思想与文明才能历久弥新、生生不息，才具有绵延不绝的生命力。从原始儒学到两汉经学，到宋明理学，再到陆王心学，改革、变革精神内在于传统文化之中。一部儒学史，便是一部儒学自我更新的历史。而中华传统文化之所以能绵延五千年不绝，就在于它能够不断随时变革，否则早就死亡了。所以，通与变是中国智慧的集中体现。通与变的智慧是指在保守、会通、融合传统的基础上，随时代发展而不断变动、革新。这一智慧既包含重视传统、融汇古今的一面，又要求不拘常规、适时而变。

诸子百家对于通变智慧都有贡献，而其中尤以儒家贡献最为卓著。"智者乐水"，水的特质就是变，因此中国古代以川流不息、不断变化的动态的水，来与通变的智慧相比拟。当通变的智慧与现实的社会生活结合，就有了儒家所主张、所强调的"因革损益"。正是以通变智慧为核心所构成的一整套自我更新机制，才使中华文明能够安然渡过历史长河中各种各样的困境，并因此而不断地丰富与更新自己，永葆青春。正是传统文化与儒学内部因革损益的活力和冲动，使它能够与时俱进，并在不断地推进而不是阻碍历史的方面实现一次又一次的变革。

（三）中华文明的统一性与文明凝聚力

　王　蒙：你讲的通变论极其重要，这正是罗素曾高度评价过的中国辩证法。水是变通智慧的象征，也就是以谦虚俯就、和而不争为主调。中华文明自己独特的发展道路，是源远流长、历久弥新的，这一方面是中华文化的生命力的表现；另一方面，我感觉背后也是有统一性作为重要基础的。

中华文明的统一性，就是吾道一以贯之，天下定于一，表现了中华文明传统的整体性与凝聚力。统一性是中华文明的信念之所在，中国人对于统一的认知，已经成为一种根深蒂固的国家观与世界观。在中国漫长的发展过程中，我们经历过内战外乱、列强入侵、文化浸透、经济封锁，于是人们认识到，国家分裂、山河破碎、人民遭殃，是最大的灾难；家国一体、多元一体、各民族一体、万众一心，是人民的最大利益。

统一性体现于中华文明的知行合一、天人合一、圣王合一、得民心与得天下的合一之中。统一中国，这是中国历史上的伟大功业，是一些伟人英雄受到亿万人民拥戴与歌颂的根由。南宋将领文天祥在国家分裂时写下"山河破碎风飘絮，身世浮沉雨打萍"；陆游则是告诉儿孙"王师北定中原日，家祭无忘告乃翁"；方志敏烈士在列强横行时发出呐喊，"目前的中国，固然是江山破碎，国蔽民穷，但谁能断言，中国没有一个光明的前途呢?"在中国新民主主义革命中，正是基于对统一性的集体认同，基于对国家民族的一致信念，我们才取得了抗日战争与人民革命的胜利。

新中国成立以来所实行的一系列民族宗教政策与民族区域自治政策，证明了国家统一的人心所向。

中华文明的统一，是作为多民族大国的各兄弟民族与各地域的多元一体的统一。汉字的综合信息性质与拼音文字所没有的对于不同方言口音的弹性包容，推动了统一的中国文化的和而不同、多元一体。尤其是普通话以北京话为蓝本，体现了普通话的通用性与各兄弟民族的语言参与。北京历史上经过多次兄弟民族入主，影响了北京话的词汇与口音，清代满族官员的口语更引起了原北京方言的变化。这是中华民族共同创造统一的普通话的佳话。

中华文明独特的统一性，尤其表现为中国的宗教与信仰生态。一方面，民间有百样俱全的应该说是充满生活气息的多神崇拜，妈祖、财神、灶王、龙王、药王、天花娘娘、关老爷、月老、送子观音、文曲星君、魁斗星君、文昌帝君等与本乡、本土、本家已故先人、贤人得位的神仙英灵，无所不备。而朝廷与社会精英对之持包容与尊重态度，同时也警惕它的极端化、邪教化的可能与动乱因素的生成。

另一方面，士人精英则注意于终极哲学抽象概念的创造与体会，天、道、理、仁、德，便是中国传统文化的终极神性概念。中国在相当程度上避免了或弱化了宗教与权力的冲突、重叠、龃龉，避免了二者合谋或者失道、失范，也避免与弱化了不同宗教信仰间的火并、混战，力所能及地维护了和谐、太平、统一，维护了中华文明的连续性与稳定性。

中华文明的统一是辩证的统一，是百家争鸣并且百花齐放的统一，是中国文化罕有的包容性与整合能力、凝聚能力的统一，是连续与创新的统一，甚至是相异相成、互通互补、互相转化的统一。中华文明的统一性表现为天性、人性、教化、文化、天道、世道、人道的统一，表现为自然存在、价值、终极关怀、宗教信仰的合一，表现为修、齐、治、平即道德自律与家国治理、与政治、与公共管理、与法治的合一，还表现为儒释道的三教合一。孟子讲的则是天爵与人爵的合一，还有多与一即一切与一的合一，是《华严经》与郭沫若的诗里称颂的一的一切与一切的一。这样的统一是经得住历史的考验与锤炼的，这样的统一也是我们必定要维护的。

这里有一个非常有意思的命题，就是不管中国有多少人口，不管有多少民族、多少事情，它都是一个整体。中国的传统文化认为不管这个世界有多少多样性，有多少多元性，有多少人口，有多大的面积，要治理它就只能够把它做成从整体上一贯的治理结果。孔子的话叫"吾道一以贯之"，老子的话叫"天得一以清，地得一以宁，侯王得一，以为天下贞"。古人认为，你懂得了这一个最根本的道理，天没有雾霾，地没有地震，侯王自己所作所为也能够符合各方面的需要。孟子见梁惠王，梁惠王就问孟子这个天下什么时候才能得到安定呢？因为当时春秋战国非常的混乱。孟子就说"天下定于一"，就是说等到统一了，有了一个整体的观念了、整体的认识了、整体的管理了，天下就安定了。

底下是很惊人的那个说法。"孰能一之？""天下恶乎定？"说什么人能够把天下统一起来呢？孟子说的是不嗜杀者能一之，不杀那么多人就能统一了。这个听起来甚至于觉得很诡异，原来这个春秋战国时期那么多诸侯，那么多将军，那么多大臣都是嗜杀的人，是以杀人为嗜好的人？相反的，如果你不以杀人为嗜好，就能王天下，王是国王的王。

孟子此论的意义在于，中华文明的统一性不是靠使用暴力手段取得的，而是首先靠仁政，靠王道，靠软实力，靠"道之以德，齐之以礼"来经营治理的。荀子也反复强调，土地不需要非常大，战车不需要十分多，依靠仁德，依靠礼义文明，就能做到万众一心、人民卫国、战无不胜。甚至于老子，在"无义战""弑父弑君"的春秋群雄混战的大势下，鼓吹"无为而治"与坚决反战，坚持着中国古代的无政府乌托邦主义。

王学典：您谈到的这些特点，确实是中华文明中特有的精彩内容。中华文明的统一性是中华民族精神固有的"大一统"宇宙观和天下观的具体显现，是维系"分久必合"历史惯性的重要基因密码。这些特性是中华优秀传统文化深厚底蕴的集中彰显。"大一统"观是中华文明最具全局性、延续性和根本性的核心理念之一。中华文明之所以能够屹立不倒、持续辉煌，中华民族之所以能够自强不息、百折不挠，这背后的精神伟力、精神基因，就包括数千年来一以贯之的"大一统"理念。

中国的国家治理、文明发展，从古代到现代都是同构的。"大一统"理念，是几千年中国历史经验教训的思想总结。我们这个社会为什么会有这样一个牢不可破的大一统观念，而且每届政府也必须有义务来维系这个大一统的局面？这也是西方人不好理解的地方。我认为主要源于儒家文化，源于儒家的思想。这是一个很独特的一个东西。我感觉，是儒家提供了这样一个"大一统"的理念，也就是说，是我们通常所说的孔孟之道来提供的。

孔子和孟子都有一个特点，曾经周游列国。孔子曾经周游列国，其间经历了十几年到二十年的时间，但是到处碰壁。孔子周游列国的目的是追求再造、重建、恢复周礼。他认为按照周礼这种结构去治理当时的国家是最合理的，但是周礼被破坏了，所以他要宣扬周礼，宣扬周公之道。他经常梦见周公，就像我们很多共产党人一样，要梦见马克思，还要到马克思那里去报到，孔子也是到周公那里去报到。所以孔子认为周公是塑造了社会合理结构的一个理想人物，而且是个最好的代表人物。我们通常说的孔孟之道，也在历史上被称为周孔之道。孔子认为要按照周公的那种理念去

（明）佚名：《孔子圣迹图·退修诗书》

孔子回到鲁国后，因无法接受季孙氏僭越、礼崩乐坏的局面，不求出仕，退隐专注于整理诗书典籍、教育弟子。

应对春秋争霸这个局面，所以孔子对礼乐崩坏感到痛心疾首。因为按照周礼，礼乐征伐应该由天子出，不能由诸侯出。如何重建这个秩序，孔子有自己的一套想法。但是，当时周天子的地位已经衰落，那些诸侯们并不接受他的主张。

我们看孔子的《论语》，背后都是对秩序的追求，对礼制的追求，对稳定的追求，对大一统的追求。不仅是孔子，孟子也是这样。孟子和梁惠王对话的时候，梁惠王专门向孟子请教：老夫子未来天下大事如何，走向怎么样？就像我们当前说的，我们面临三千年未有之大变局，或者百年未有之大变局，未来将会怎么样？关于孟子的回答，先生您刚才也谈到了，孟子很干脆，没有丝毫的犹豫，就是"定于一"，中国必须统一，必须重建天下一统的秩序。

孟子也周游列国，与孔子的情况一样，孟子周游列国的结果也不好，各个诸侯也都不接受他的想法。唯一接受孟子的，就是我的老家所在地山东滕州的滕文公。蒙老，当年滕文公把孟子请到我老家滕州，在滕国按照孟子的理想治理了三年。大约在周显王四十四年（公元前325年），滕定公去世后，滕文公姬弘继位。滕文公做了国君，郑重地礼聘孟子来滕国做顾问，安排孟子住在上宫，以"国师"待之。滕国成为春秋战国时期唯一曾贯彻、落实孔孟思想的地方，孟子的思想直接促成了滕文公的"善国"之治。滕国成为善国，滕文公成为贤君，与孟子的教导分不开，是"孟子之教也"。孟子义利观、性善论以及王道的思想，对滕文公影响尤为深刻。滕文公"以蕞尔之壤，挺然之身，独当仁而不让"地践行了儒家治国之道，最终造就了滕国的"善政"，滕国因此被称为"善国"，滕文公也成为滕国历史上影响最大的国君。当然，孔子和孟子的追求也不一样，有很大差异，我们读孔子的《论语》和读《孟子》能够发现，他们俩精神气质、理念也是有差异的。但是中国必须统一，而且必须重建天下秩序，这是当时的一个大事，许多思想家、政治家都在思考这个问题，作为儒家的孟子自然也不例外，并且他的主张还曾经得到了实践。

　　董仲舒在汉武帝时期，也提出一个治国的方案。他给汉武帝上了一个所谓的《天人三策》，其中专门说过"春秋大一统者，天地之常经，古今之通谊也"。什么意思呢？就是在他看来，"大一统"不仅放之四海而皆准，而且放之古今而皆准，这不就是儒家的追求吗？"大一统"理念是儒家的一个主要的理念，而这个理念，对于中国超大型国家统一局面的维系起到了巨大的作用。

　　王　蒙：这里还有一点，中国历史上不少时候，封建王朝的代表人物并没有能够坚持实行儒家的王道德政，更不想实践什么无为而治，国家也存在过分裂与无义战的乱局；但作为社会理想的儒家、道家以及诸子百家的价值论说与哲理观念，仍然是我们的文明传统的重要组成部分，是我们的传统文化的动人魅力所在。

　　"大一统"观念确实有利于中华文明凝聚力的形成，在这个意义上，"大一统"也就是崇尚整体性。我在这里的想法就是把众多变成一，还有一个想法呢就是把一变成众多。因为孟子又说得民心者得天下，民心是一，是无所不在的，是成千上万、成万上亿的。所以这个一呢，你得代表多，得能够得到多的拥护，得到多的支持，得到多的拥戴。这就是郭沫若在他著名的诗《凤凰涅槃》里所歌颂的，啊！你一切的一。啊！你一的一切。一是统一，切是部分，一是包含着各种各样的部分，承认各种各样的部分，尊重各种各样的部分，同时呢，又要能有它的统一。

正是对这种一和多的看法，使我们中国式现代化所选取的社会体制和西方政治的想法不一样。西方大体上是什么个情况呢？就是强调多，第一，他承认多。第二，是多了闹，互相充满了斗争。第三，斗争的最后结果变成二。最后是双方对决，再出来一，然后隔几年再对决一次。它在西方政治上是多、二、一，通过一次一次的对决，来产生权威领导人的。但是中国的哲人从黄帝开始，他想的是什么呢？不是把多变成二，让二再对决成一，他想的是能不能出现一个一，能够代表这个多，能够集中这个多；能不能把这个多做到一，把一又做到最合适的地步、最妥当的地步，让它代表多。这是不同的思路。而在现当代的中国式现代化，我们更是要把统一、集中与民主、民心统一起来，把民心与天心、民意与天意、民威与天威、人道与天道、人性与天性、民主与集中结合起来，平衡起来。这是一个自始至终，始终存在的中国政治文明中有待斟酌、拿捏、把握、发展、创新的重大课题。

那么我们这个人口众多的国家如何维护统一呢？如您所说，儒家代表中国古代的贤能政治文化学，而传统儒家最希望、最需要的就是出现圣王，出现权威，希望这个权威既能够代表民心，又能够代表天心。天心放在今天，用马克思主义的话来表述，就是指历史的发展规律。因为中国还有一个有意思的现象，就是把天、地、人、自然看成是一体化的。天性就是道德，道德就是天意，天心就是民心。这个在姚雪垠的《李自成》里有体现，他写李自成到了陕西商洛以后遇到了一位秀才，他是有志于做起义领袖的谋士的，叫牛金星，牛金星就讲一个道理，民心就是天心。

所以"一"是中国的最高观念，这个观念在多数情况下和道的观念是一致的。国外也有把一说成一切的，我 2016 年在美国的旧金山参加活动，演讲完，吃完海鲜，到渔人码头就看到一个大的商店，但是已经关门了。上面写着 one is all，一就是一切。后来我想查它是个什么商店，我现在有两个版本：第一，它就是一个大餐馆，就是它这儿什么都有；第二，更有趣，说这是一个一元店。就是说美国有处理废旧物资的，这个废旧物资到那儿可以代卖，不管你好一点也好、坏一点也好，都是一块钱，你就拿走一样。所以这个一就是一切，也可以接受这个很有趣味的解释。

那么中国还有很多特殊的说法，比如三教合一。在少林寺里头专门有一个碑，说是佛教见性，道教保命，儒教明伦，纲常是正；农流务本（因为古代还有农家），墨流备世，名流责实，法流辅制，各有所失，一以贯之，三教一体，九流一源，百家一理，万法一门。所以中国有一个很好的词，也是别处没有的，甚至于他是不能接受的，叫混一。就是乱七八糟一大堆，最后统一起来了，有了一个价值的判断、一个选择、一个整体性、一个整体法则。

中国的统一性也出自地理与民生的因素，有专家说水利问题是古代中国的核心问题，而治水必须统一步调；鲧的败亡与禹的成功，夏代家天下体制的形成，都起源于大禹统筹治水的成功，这听起来很有道理。央视第八频道描写康熙朝治理黄河的电视剧《天下长河》，很值得一看一思。

王学典：正如您所谈到的，中国的多元、多派，最后都有不同程度的合而为一的期望。不仅孔子、孟子这样讲，连崇尚无为而治的老子也要"得一"。我们看《二十四史》为什么是本纪、列传的结构而不是另外的结构，这实际上是当时社会结构的折射。这个历史编纂思想的背后是什么？是儒家的观念、是"大一统"的观念、是正统的观念。《二十四史》把儒家这种观念完全化作具体的编纂体例。所以在中国历史上，"大一统"观念主要由儒家传承下来，成为一个牢不可破的观念。只要读《论语》，就会不知不觉接受这种观念；只要看《三国演义》，就会不知不觉接受这种观念。

我们强调社会存在决定社会意识，观念是次要的，社会存在是主要的，但是一些西方思想家特别强调观念的作用。我印象中在 20 世纪 90 年代初，在《中华读书报》看过一篇文章，题目是《重估观念在历史进程中的作用》。从儒家的观念就能看出，历史是人创造的完全没问题，但是人如何创造历史呢？要受观念支配。的确是这样，"王侯将相，宁有种乎"，这就是观念支配。《水浒传》上描写李逵挥着两大板斧，"杀去东京，夺了鸟位"，也是观念支配。所以西方某些思想家认为历史是观念创造的，不能轻易说它是唯心主义，某种牢不可破的观念能够延续几千年之久，必有其原因，那么这种观念从哪里来？像西方思想家哈耶克就特别强调观念的作用，而且专门在一篇文章中陈述历史学家所传播的观念，严格来讲这比站在历史前台直接管理国家的政治家所传播的观念的作用要深刻得多、久远得多。他以工业革命为例，为什么民众厌恶工业革命？因为一提及工业革命，就联想到大量的童工、女工、饿得只剩皮包骨头的下层劳动者，包括所谓"雾伦敦"。这一切被认为都是工业革命带来的后果，所以要主动对社会发展制度、道路作出另外的安排和设计。

这种观念是谁创造的呢？是历史学家。历史学家对工业革命的描述，尤其是对工业革命负面因素的描述，直接影响了以后若干个时代对人类社会制度的安排。十月革命、中国革命就是要避免资本主义带来的那些恶果，避免对下层百姓的压榨。哈耶克说，对工业革命消极后果的历史叙事，不完全是事实。根据现有统计资料，在工业革命期间，人们的寿命延长了，教育在普及，幸福指

（明）陈洪绶：《水浒叶子之黑旋风李逵》

《水浒叶子》是陈洪绶的四十幅版画，歌颂了梁山泊英雄的英雄气概和反抗精神。

数总体在提高而不是降低。尽管他有大量的统计数据，但这些东西都无法敌过历史学家对工业革命的描述给人们带来的影响。

在从事历史创造的时候，就是这种不自觉接受的观念在起重要作用。

"大一统"观念也是如此，是我们的国情、我们独特的历史文化传统塑造了这个观念，这个观念则反过来影响我们的行为。也就是说，"大一统"观念也早已融入了中华传统文化之中，成为我们的文化传统、文化基因的一部分。党的二十大报告中强调："必须坚定历史自信、文化自信，坚持古为今用、推陈出新，把马克思主义思想精髓同中华优秀传统文化精华贯通起来、同人民群众日用而不觉的共同价值理念融通起来"。所以在我看来，我们党和国家历来对统一的执着，说明我们早已接受并继承了"大一统"的观念。党的十七届六中全会提出中国共产党人是中华优秀传统文化的忠实传承者和弘扬者，又是中国先进文化的积极倡导者和发扬者，这句话是很有内涵的。"大一统"的理念作为中华优秀传统文化中一个非常重要的组成部分，被接受下来，这也是东方历史文化传统在今天依然具有很高价值的地方，是值得我们在社会治理上高度关注的问题。

（四）中华文明的包容性及和平性与文明亲和力

 王　蒙：太对了。马克思曾经强调"理论一经掌握群众，也会变成物质力量"。而中国的马克思主义者同时深切体会到的是：当人民群众与革命精英掌握了理论，就一定能够使理论落地生根，结合传统、结合实际，丰富发展。

您所讲的大一统，是多元一统，是有包容性与和平性做基础的。包容性体现的是一种以文化自信为基础，进一步打开学习发展空间的大气魄。我们的文明是善于学习、勇于"拿来"的文明，我们有足够的自信与敏慧去兼收并蓄、消化与接上地气、不断创造为我所用的文化新成果与中华现代文明。中华文化的包容性中还含有"仁爱""公正""与人为善"的品质。中国人懂得自己好也应该让别人好、"各美其美、美美与共"的道理，这才是正道。

习近平总书记提倡的构建人类命运共同体，就是和平发展的理念。孔子终生努力的中心是"克己复礼，天下归仁"。用当代语言来说，中华文明具有一种文化立国、文明治国、注重教化、以文化人、以礼义化育社会的理想。现代政治学注重权力的合法化，而中国文化传统注重权力的合道性，是对于君子精英文明的提倡与对于权力的文化与道德的宣扬、引领、监督。天下有道，人民安居乐业，叫作国泰民安，顺天承运；而天下失道无道，则是"气数将尽"的预兆，就会蕴含着极大的颠覆危险。

至今，和平性仍是一个现代人类文明的主题与原则。中国的诸子百家，尤其是儒家，持一种文化立国——权力的合道性（合理性、合礼性、合民性、文化性）理论，中国国家观念的文化内涵十分重要。文化传承持续，就是道统、朝（代）统、家国统，就是惠此中国，以绥四方。

 王学典：正如您所讲的，和平发展仍是时代的主题，也是中华文明实现自我创造、自我突破的有利环境。蒙老，我有一点看法，不知道对不对，请您指点。

我感觉中华文明在起源和早期演化阶段，就孕育产生兼收并蓄、向内凝聚的文明基因，为文明多元一体发展奠定基础。中华文明的包容性源自广袤土地上孕育的大陆文明的宏大格局和开阔胸襟，是有容乃大、至柔至刚、睿智哲思的现实转化。中华文明突出的包容性，与其发展所处的独特地理环境密切相关。我国周边为海洋、高山、草原、荒漠等，东中部地区有幅员广阔、资源丰富的平原与盆地。这样的地理环境自成一体。在我国内部，地貌复杂、生态多样，许多地区农业生产条件优越，利于人口聚集，形成了整体互补、相对自足的地理格局。

距今一万年前，中国辽阔大地上就开始出现星星点点、独立发展的早期文化。在新石器时代，这些各具特色的区域文化已颇具规模，已是"满天星斗"。比较有代表性的如黄河上游的马家窑文化、黄河中下游的中原龙山文化、海岱地区的大汶口文化、长江中游的屈家岭—石家河文化、长江下游的良渚文化以及华南各地方文化等等。随着生产进一步发展、人口不断增加，一些区域文化出现某些国家的初始形态，呈现"万邦林立"的局面。分散的早期文明各自向更高层次发展，同时相互之间逐渐有了复杂的互动交流。这种交流让人们意识到，和平相处、互相学习可以获得更好的发展。因此，在中华文明早期发展进程中，不同地区文明聚落相互包容协商、文化交流融合，就成为处理相互关系的理性选择。

在历史的进程中，由于中原华夏文明所处地理位置和资源相对优越，不断吸纳、融合周边族群与文化，形成了具有强大向心力和凝聚力的文化。这种文化对其他文化具有较强吸引力，呈现出周边向中心汇聚、内部自足更新的发展态势。这种态势被学界形象地称为"重瓣花朵式"结构，而中原文化就是整朵花的"花心"。我们可以看出，文明的交流融合促进中华文明多元一体发展，并在这种发展进程中更加凸显和平性、包容性。

中华文明所具有的突出包容性，与文化长期高水平发展、领先于世界有很大关系。这种文化发展状况塑造出高度文化自信和开放包容心态。《左传·哀公七年》对大禹时代"涂山之会"的记载中说，"执玉帛者万国"，意思是许多文明对中原文明表现出景仰。从中可以看出，在那个时代不同文明相互交流，是实实在在存在的。

到了殷周时期，中华文明已经发展出较为完备的文字体系和成熟的礼乐文化。系统而完整的西周礼乐制度，从礼器到乐器等，形成了严格的使用规制，对后世影响深远，周礼文化也与其他地方文化不断融合。先秦时期百家争鸣，不同流派提出各种思想，相互争论又相互学习，使得那个时代学术思想大放异彩。后世许多思想的核心内容在那个时代萌发，中国成为古代轴心文明发祥地之一。秦汉以后，中国逐步建立起长期稳定的大一统国家，发展出在古代社会较为先进的政治制度和相对完备的治理体系。高度发达的文化、统一稳定的国家、治理有效的制度、勤劳坚毅的民众，加上得天独厚的农业生产条件和历代"以农为本"的基本国策，让中华文明在人口数量、经济实力、政治发展和思想文化上长期领先于世界，不仅对周边少数民族保持着巨大吸引力，对亚洲和世界文明进步也作出巨大贡献，产生深远影响。

中华文明长期高度发达、绵延不断，让中华民族从未向外部敌人屈服，也发展出鲜明的文化主体意识和开放包容的文化心态。这种心态并不是盲目的文化优越和文化自大，而主要表现为对如何看待天下、如何与天下共处的一种自信博大胸怀。在古人眼里，天下为公、大同社会是理想，天下是一家人，文化上认同就可以和平相处。这样的心态彰显着宽广视野、博大境界。"行天下之大道""抱一为天下式""一同天下之义"等主张，为文化兼收并蓄提供了思想理论支持。我国是一个统一的多民族国家，在中华民族大家庭里，各民族在长期历史演进中不断交往交流交融，在文化上相互学习借鉴，逐步形成休戚与共、荣辱与共、生死与共、命运与共的共同体，共同塑造了灿烂的中华文明。

中华文明长期高度发达并具有文化自信，不仅能消解外来文化的冲击、入侵，更发展出强大的学习能力和适应能力，通过吸纳多地区、多民族的不同文化，融会贯通、浑然一体，促使民族文化不断新陈代谢、创新发展。佛教传入中国后形成中国佛教，西方的天文、数学传入中国等等，这些例子说明历史上不断有各种文化元素融入中华文明，彰显着中华文明开放包容的内在特质，也成为中华文明永葆生机活力的一个重要原因。

中华文明具有突出的包容性，还与古代中国形成的四海一家的"天下大同"理念有着深刻关联。在古代社会，治理中国这样一个幅员广、多民族的超大型国家，具有相当大的难度。历朝历代都采取各种措施来促进统一的多民族国家的发展。其中，文化上的包容接纳也是一种有效手段。中国人很早就有"天下大同"理念，提出"以德服人""有容乃大"的理念，"同归而殊途，一致而百虑""同则相亲，异则相敬"的价值取向。狭隘的种族、地域等观念，从来都不是中华文明的主流。"太平"之世是一种政治理想，是一个天下大同、四海一家的大一统社会。文化是维系这种太平的重要纽带，提倡统治者致力于使"声教讫于四海""远人不服，则修文德以来之"，用道德教化、文化影响而非武力征服来维护天下稳定。对于思想和文化的差异，应以博大胸怀"通万方之略"，抱持"道并行而不相悖"的理念，以"和而不同"的态度处理文明之间的关系。

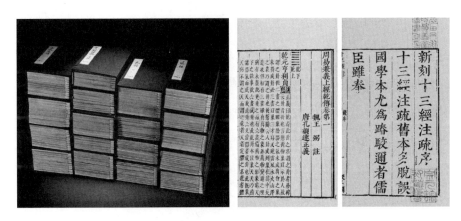

清代阮元校刻《十三经注疏》书影

同时，中国人也主张文化之间应相互交流学习。西周末年，史伯就提出"和实生物"，认为"以他平他谓之和"。这意味着"他"不能是单一的，而是多元的。如果单一就是"同"，而"同则不继"，是难以发展的。多元要素之间通过互动、互补达到平衡、和谐状态。这种观念深刻影响后世，比如儒释道三大文化形态，在中华传统文化发展过程中相互交融、取长补短、共同发展，而不是以消灭对方为目的，充分体现了"和而不同"。

王　蒙：善哉！此论。当代中国改革开放的成功实践，就是中华文化包容性的最好体现。当代中国自从打开了向世界开放的大门，再也没有关上。几十年来，中国人在引进、学习、消化、吸收的基础上，稳扎稳打，以中华文化赋予我们的智慧，再创造、辟新道，一步步跃上了新台阶，使中国成为世界第二大经济体，成为文化大国和科技大国。

正是这种和平与开放的心态，我们的中华文明才能够具有接纳世界的胸怀，具有构建学习型社会的志气与清醒，具有融汇人类文明成果的亲和力，具有汲取人类的一切优秀文明成果，消化吸收创新，将人类文明成果与自己的实际、自己的特色、自己的传统整合起来的路数和能力。

（五）文明对话与中华文明的未来发展

 王学典：确实如您所讲，"见贤思齐"、兼收并蓄、接纳世界，中华文明才能历久弥新。正是中华文明的连续性、创新性、统一性、包容性与和平性，塑造了中华文明的自信力、生命力、凝聚力和亲和力，这是新的文明形态在中国形成的丰沃土壤。

在我们的讨论中，共同探讨了文明自信力、文明生命力、文明凝聚力和文明亲和力的几点判断，共同回答了人类文明继承与创新的最新形态为什么能够在中华文明的基础上产生这一理论问题。而历史已经证明，文明的更新与发展，必须经由文明对话与文明互鉴。中华文明是在同其他文明不断交流互鉴中形成的开放体系，正是具有包容、多元、和平的属性，中华文明才长期高水平发展、领先于世；反过来讲，也正是这种文明发展状况，塑造出中华文明高度自信和开放包容心态。《尚书·尧典》记载了帝尧时代"协和万邦"的情境，这种"协和"很大程度上是通过文化影响扩大的而非武力征服实现的。正是这种和平性、包容性，为文明对话与互鉴提供了土壤，为中华文明的新发展奠定了基础。

"以和为贵、和而不同、化干戈为玉帛、天下大同等理念在中国世代相传。"正因为拥有这种大度开放包容的精神，中华文明能够不断接纳、融合不同民族和文化传统，不断消化吸收外来文明精华，在多民族文化融合与中外文化交汇中不断发展壮大。带着对"和而不同"的深刻理解，中国始终以世界眼光关注人类前途命运，从人类发展大潮流、世界变化大格局、中国发展大历史来认识和处理同外部世界的关系。坚持世界是丰富多彩的、文明是多样的理念，推动不同文明交流交融，促进世界各国相互理解与信任，夯实共同构建人类命运共同体的人文基础，这正是中国共产党胸怀天下的体现。坚持兼容并蓄、开放包容，人类文明才能不断发展繁荣。不同文明只有加强对话、互学互鉴，人类文明才能熠熠生辉。我们要尊重人类文明的多样性，推动不同文明各美其美、美美与共，共同建设开放包容的世界，携手促进人类文明进步。

今天的考古学已经证明，世界历史上曾存在过许多文明。大浪淘沙，那些文明特别是体量较小的文明或因为自然灾害，或因为人口激增，或因为冲突战乱，绝大部分已经灭绝，甚至消失得无影无踪，而最后活下来的只有几个超大体量超大规模的文明体，而这些大型的文明体相互制衡，谁也无法取代谁，谁也不能消化谁，谁也难以同化谁。这就是今天的现状。彼此和谐相处，交流互鉴，才能使作为整体的人类文明获得永续发展。而且，在这些不同文明体之间展开对话，实现互鉴，可能还是这些文明形态之间交往沟通成本最低的方式。在这一点上来看，"文明冲突论"实际上是个伪命题。

近年来国际局势趋于紧张，地缘政治角力被有意无意地放大，东西方之间出现了前所未有的误解和隔阂。西方部分学者和智库借机再度炒作亨廷顿的"文明冲突论"，渲染世界不同文明之间的冲突和悲观宿命论，导致许多人对地缘政治冲突采取放任自流的消极态度。这对解决当今世界的矛盾冲突和文明间已然存在的问题毫无帮助，甚至还可能引发新的矛盾与恐慌。"文明冲突论"危害甚巨！回顾世界历史，那些重大冲突和战争，往往都是由政治经济利益矛盾、意识形态分歧所引发，是被打着文明旗号、披着文明冲突外衣的霸权主义、极端主义所支配，并非由文明本身的差异挑起。"文明冲突论"本身还暗含着傲慢的文明优越感，即将自己国家的文化与文明摆在至高无上的地位，对其他与自身价值观念、文明体系不一致的国家进行刻意打压、排挤，拒绝与他国文明共存。这一论调必然会导致人类社会未来历史性悲剧宿命和价值撕裂，走向彻底否定通过对话交流、和平谈判解决冲突的可能性。

王　蒙：强调文明冲突的做法是很危险的。确实有人用文明冲突命名当今世界的危机，从阿富汗、伊朗、也门等地的事件中，我们可以看到现代性、全球性与本土性的冲突可能有多么激烈和危险。同时，我们更感同身受的是霸权主义与世界秩序的公正性与正义性要求的矛盾，还有大量历史遗留下来的安全、教派信仰、领土、财富、开发、利益、产权上的问题。问题是严重的，撕裂与对抗是危险与痛苦的。

全球化给中国这样的一些发展中国家带来了机遇，同时也引起了文化的焦虑。经济技术发展引起的全球化还带来了所谓的"文化冲突"。比较起来，中国因为有儒家的传统，有入世的经世致用传统，相对来说能够接受全球化当中追求进步、追求富裕、追求高质量生活的取向。

只看到不同文明间的冲突，看不到它们的互补、交流、融合与相互促进；只强调文化之间的对立，如意识形态、宗教与种族战争；怀着各种偏见，扩大不同文化之间的误解与敌意，这是文化沙文主义与文化霸权主义。完全否认多元文化之间的某些共同价值准则，这是文化相对主义。一心照搬域外的文化成品，这是无视本土历史传统的文化虚无主义、分裂主义与文化乌托邦主义。

王学典：事实上，单纯的文明差异并不会导向冲突，冲突绝大多数源于地缘政治对抗和经济利益争夺。有人甚至认为，这个世界看上去并没有朝着人们期待的方向发展。而这并不是文明的过错，也不是文明对话的失误。文明对话的声音尽管有时很微弱，对一些国家和政治组织源于地缘政治利益的行为并没有多少直观的制约力，但我们始终相信，只要坚持文明对话，文明的内在力量终究会对人类行为产生积极影响。漫长的人类发展史无数次证明，战争和政治冲突给人类文明带来巨大灾难，不同文明或不同生活方式相处的最好办法是对话，这才是解决文明之间如何相处问题的成本最小的方式。

文明的冲突是个死胡同，而文明的对话与融合是条阳光大道。对话是正确的方向，但前提是文明平等和尊重多样性。每种文明各有长短，都代表着人类探索解决生存困境的不同智慧方向，具有强烈的互补性，要捍卫文明多样性，开展多样性文明之间的对话，而不能以傲慢与偏见的态度诋毁和污蔑其他文明。通过对话相互学习，才是人类解决自身问题的最好方式。

王先生，我一直认为，文明对话应回到探求共同价值观的层面，不应受现实利害的左右，这样才能重建整个人类社会都能接受和遵循的价值取向和标准。最终建构的人类共同价值，既不可能完全是西方的，也不可能完全是东方的，一定是吸取全世界各大文明体系的共同特点，凝聚不同国家、不同民族、不同信仰的共性，才会构成未来全球治理与合作的基础。学术界所能做的，就是为人类文明永续发展寻找共同基础，把人类文明当中最具有永恒成分的价值融合在一起，提炼构建出一个具有普世意义、能够承载人类共同命运的文明形态。

同时呢，也应该清醒认识到，进行文明间的对话、推动中华文明的再造，我们一定要坚持一个平衡性的观点，那就是既不能照搬西方文明，同时也不能照搬传统文化。我们今天和传统中国的距离远远大于和西方的距离，这是现代和传统之间的距离。中国现在不是一个传统社会，而是一个现代社会，和传统中国之间的距离已经很大了。我们这个超大型、超大规模、超大治理难度的国家要实现现代化，绝对不能完全照搬东方历史文化传统，要汲取它的好处，要对它进行创造性转化、创新性发展。

王　蒙：所以，我认为比较理想的模式还是多元文化之间的对话交流，求同存异，相互学习，相互理解，各自发展与共同发展。多元的文化有先进与落后的差别，有某些摩擦碰撞也有某些共同的价值准则。不论什么样的文化传统，承认先进文化的有效性与优势，接受人类文化特别是价值系统的某些共同准则，如和平、种族与性别平等、承认差别与互相尊重、社会公正、基本人权的各个方面，人际关系上的诚信与"推己及人""己所不欲，勿施于人"等，这是保护与发展自身所珍视的文化性格的基础。以近年来中国强调的社会主义核心价值观为例，虽然中国强调了它的社会主义性质，它的提法与基本走向却是包括非社会主义国家与地区的人们也难以否定的。

2008 年在北京举办奥运会，我们提出"同一个世界，同一个梦想"的口号，其意义是非常重大的。可以说，这是近代以来文化紧张、文化焦虑、文化对抗的局势正在出现变局的标志，这是中国的文化观、文化战略与文化性格更加自信与成熟、更加高大上的标志。而构建人类命运共同体的提出，更是将中华文明推向新时代的里程碑。中国与世界正在寻求沟通与互相认同，国人的精神资源正在迅速地扩大，我们追求的和谐社会与和谐世界正在成为一种全人类的共同价值观。中华文化的主动性正在恢复和发展。

中国永远不可能全盘西化，过去不可能，现在不可能，将来也不可能。同时中国必然走向现代化，必然实现中国传统文化的价值观与人类的普遍价值观念的打通，并在这一过程中，作出对全世界、全人类的贡献。在经受了严峻的考验、反思、批判、震荡直至断裂的危险之后，中华文化表现出了自己顽强的生命力与适应能力、发展与更新能力、汲取与消化能力，表现出了中华传统文化的生命力与有效性。愈来愈多的有识之士回到了民族文化本位，回到了努力实现中华文化的创造性转化与创新性发展上来。

王学典：求同存异、互相理解，未来才会更美好！我非常赞同您的判断，所以我们都认为文明冲突论是个极其危险的命题。文明交流对话会有许多层面和方式，而学术对话则是更具理论先导价值和现实指导意义的方式。

　　文明对话的出发点应是美人之美、美美与共，而积极与西方主流文明的对话，当然是各大文明彰显自身之美的最佳途径之一。这是因为，尽管当下西方社会正面临诸多困境，但凭借其经济、科技、文化等方面积累的强大优势，西方现代文明仍然占据世界的领先地位，这是不争的事实。各大非西方文明有着相似的历史境遇、相同的梦想追求，勇于善于开展与西方文明的学术对话，可以促使自身逼近乃至进入主流，在世界文明的中心舞台崭露头角，并汲取西方现代文明的有益元素而与之互学互鉴、融通发展，从而拥有长远未来。

　　王先生，在我看来，学术界应该发出理性声音，保持定力和独立思考，更多地关注人类整体命运和社会根本利益。而不要跟着短期的地缘政治"起舞"。东西方学界之间的冷静、理性交流，是打破僵局、化解分歧的可行路径。追溯中华文明史，春秋战国时期同样是冲突格局，在战争风云中，孔子、孟子思考的却是人类整体的生活方向，是更为深刻的思想和价值观问题，试图以理性的思考引领人类走向和平共处、和谐共存的未来之路。如何不受地缘政治影响，肩负起探寻研究人类社会发展规律和未来轨迹的特殊使命，是当下东西方学界需要正视的问题。面对面交流也同样重要，如果各自站在大洋彼岸，仅仅依靠视频连线，这不利于解决问题。尽管文明对话"乌云"笼罩，仍要抓住一切可利用的机会和平台，加强对话与沟通，增进了解，消弭误解与偏见。文明对话中的理性声音，才能让焦灼浮躁的世界冷静下来。

　　在这里借先生您提供的这个宝贵的机会，我也能够有时间向您介绍一点我在这方面的不成熟想法，向您请教。在我个人看来，儒学是一种社会发展理论，在儒学之后，自由主义和社会主义各自提出了自己的一套社会发展理论，在很多方面与儒学的理念形成鲜明对比。而中国的儒学必须与自由主义大张旗鼓地展开全面对话，这样才能推进儒学在现代世界的发展。正是在上述认识下，我在多个重要场合提倡展开儒学与自由主义的深入对话，并举办了一系列学术讨论会，目的就是能够为中西文明之间的对话、互鉴寻找更多更恰当的切入点和讨论焦点。

儒学与自由主义可以在哪些方面进行对话呢？《文史哲》杂志前些年开设过一个栏目，专门讨论"贤能政治"与"民主政治"的问题，就是一人一票的票箱政治和古代选贤任能的"贤能政治"，两者各有什么长处和不足；中国稳定和经济高速发展 40 年之久的秘密是否与"贤能政治"高度相关等问题。这是一次非常深入的对话，这个对话还在进行，而且是在国际范围内进行的。更重要的是这场对话很尖锐，火药味很浓。

除了"贤能政治"与"票箱政治"的对话之外，我感觉不同的经济管理模式之间也可以对话，如自由市场与国家干预，也可以对话，即我们的经济究竟怎么样管理更好？自由主义者相信无形的手，认为市场自己会修复，自己会趋利避害，从而达到一种均衡，政府最好不要干预。我个人认为，西方经济是市场主导型的，中国近 40 年的巨大成功则与政府主导型密切相关，从某种意义上说，社会主义市场经济可以看作儒家道义经济的当代形态，这是目前中国道路的典型特征。后者的弊端究竟在哪里，能不能持续下去，这可以通过对话加深认识。这在目前是一个更尖锐、更敏感的问题，也是中美贸易摩擦的要害所在。中国从秦汉以来就是一个超大型社会、超大型国家，就是一个政府主导型或朝廷主导型的社会。有学者认为，秦始皇以来的中国经济历来是三层资本的互动和互补，一是政府资本，二是民间市场，三是官督商办企业，中国从来没有民间市场占主导地位的时期，我认为这一认识是有根据的。所以，中国无法亦步亦趋地跟着西方走。中国历史的确是一辆有轨电车，中国这辆有轨电车很难完全与西方并轨！

另外，像个人主义与集体主义或社群主义也可以对话。

儒学与自由主义的对话，不仅应该在政治、经济、法律、社会、思想诸个层面进行，更应该在共同的基本理论预设的层面进行。例如，儒家基于仁义礼智信的人类社会理想，究竟在多大程度上优于或劣于自由主义的理论预设？现在尚难判断，必须通过对话才能看清楚。在这些层面的对话中，要看到各自的长短，在哪些地方儒学能够补充自由主义的不足，又在哪些地方自由主义能够补充儒学的缺陷。包括儒家学说对人性本善的肯定，其作用和价值如何全面评估，都值得探讨。

再例如，我们不能只看到性善说的局限，进而认为它会导向人治而不是法治，会导致对制度的不重视等。其实，西方人性恶的预设也同样有它的缺陷。在物质极大丰富之后，在人的物欲得到基本满足之后，在人的素养得到极大提升之后，对人类社会而言，究竟是性善说还是性恶说将起基本的作用，实在不好判断。也就是说，我们人类的未来到底是按照自由主义的原则来组织，还是按照儒家的基本原则来组织，哪个更好，现在真的不好说。但是我坚信，儒学能够拥有长远的未来。

我个人感觉，我们现在和今后，必须像当年的牟宗三先生这些人一样，应该在新的层面上、在攸关人类安全发展的更多重大议题上与自由主义思想展开更大规模的深度对话。儒学要想实现所谓的"凤凰涅槃"，谋求在世界思想界的主流地位，回应现代性与全球化的挑战问题，就必须与西方的主流思想进行对话。因为只有与主流对话才能进入主流，只与边缘思想、非主流思想对话，即使胜利了，也只是边缘思想、非主流思想。因此，只有在与自由主义对话当中，我们才能开创儒学研究的新局面，使儒学和中华文明真正地进入世界主流。

经过近二百年的艰辛探索、艰苦奋斗，中华民族的现代化转型终于迎来了历史性的里程碑，这就是习近平总书记在文化传承发展座谈会上提出的"创造属于我们这个时代的新文化，建设中华民族现代文明"的伟大号召。"建设中华民族现代文明"，无疑将成为中华民族伟大复兴的重要标志。而这场徐徐展开的伟大文化变革和文明再造进程，其意义将不亚于作为西方现代化起点的"文艺复兴"。

文明的再造必须对传统文明优秀成分进行继承和升华，同时摆脱传统文明糟粕的禁锢和束缚，在汲取古今人类文明一切优秀成果的基础上，形成一种崭新的文明。这是一个漫长的脱胎换骨的过程。我们建设中华民族现代文明，同样也应守正不守旧、尊古不复古，熔铸古今、汇通中西，充分运用中华优秀传统文化的宝贵资源，积极主动地学习借鉴人类创造的一切优秀文明成果，探索面向未来的理论和制度创新，创造出人类文明的新形态。

王　蒙：妙哉此论！我认同您讲的加强文明对话的主张。您刚才讲的与主流思想对话才能进入主流的判断，是极有趣的。中华文明的连续性、统一性、创造性、包容性与和平性的弘扬与现代化，是人类与中国文明史的新的契机，新的可能性，也是对中国式现代化的新的丰富、充实与发展。经由文明间的对话，希望世界更理解中华文明的思路与特色，希望中华文明更自信也更智慧地对待世界的麻烦，处理好不止一处地对于人类文明的威胁与挑战，出现惠利于人类命运共同体的中国智慧与中国方案。

我愿意对您的宏议稍稍补充一点个人的意见，或可作为一种补遗。

第一，即使中国的封建王朝是家天下，也不是君王一个人绝对排他地为所欲为。如果翻一翻黄仁宇的《万历十五年》，卜键的《明世宗传》《国之大臣》《天有二日》等著作，就能够明白文化尤其是儒家文化对于君王、臣下、百姓的规范约束监督，对于人心向背的巨大作用，对于朝廷权力系统的警示、认可、支持的影响。黄、卜笔下的君王也多有举步维艰的遭遇。所以，在古老的中国，文化与政治是互动的。

第二，除了某种实有的文化监督外，我国古代还有谏议谏官制度，有谏垣、谏院衙门，有死谏、谏死、尸谏、抬棺谏的极致表现，有比干、海瑞的例子。钱穆认为中国自有制度，自有法律，所以说古代中国是君主专制的观点，"是一句历史的描述，但绝不是历史的真相"。

第三，除了体制的选择以及政治家的视野与谋略以外，也有不同的自然、气象、地理、领土、人口、居住与劳动条件下的不同选择，或客观条件的推动或限制。有的学者如魏特夫就认为中国的大一统主义，不仅有儒家与法家的学理引领，而且有治水利的国之大者的必然需求。这方面，电视连续剧《天下长河》确实值得一看。

第四，还有道家对儒家的批评，也有与儒家的互补。道家本身已经具有某种古老的东方自由主义倾向，它具有东方辩证法精神，东方古老的心与物的调和尝试，替天行道的历史使命感，对于下层、弱势群体的同情的准社会主义心态。这些资源用好了，那么道家在与自由主义意识形态的对话中，也应该有它的地位。

第五，则是当代的大变局，中国与越南等一大批"南方"国家走向现代化的改革开放发展历程，改变了当年苏美冷战格局。多元性，市场性，经贸、人权、宗教的非政治性或政治性淡化。这诸多提倡主张，西方国家原本以为是社会主义阵营的软肋，西方大国咬定是社会主义国家冷战与意识形态的狂热，才把一切都政治化了。现在，在许多场合、许多议题上，例如在贸易、科技交流上，却正是中国的领导人强调现代化的多元性、经贸与科技的开放性、市场贸易的决定性等。对国际贸易、国际市场动辄制裁、禁止出口、威胁脱钩、泛安全歇斯底里，甚至扬言买中国汽车多了会突然被全部叫停行驶的，恰恰是美国。变局变局，令人摇头叹息。

第六，我想说的是文明对话不仅是语言对语言、政策对政策，更是实践对实践、发展对发展、生产力对生产力，尤其是经济对经济、稳定对混乱、平安对撕裂和高频率动武杀戮。面对所谓的竞争对手，紧张、慌乱、越线、过度设防等，不应该也不可能是中国式现代化文明的精神状态。

第七，既有人类的共同价值，同时也存在着不同的文化传统、不同的历史阶段与进程、不同的生产与生活条件，因而也有不可避免的价值观歧异。在共同性方面可以交流沟通，在歧异性方面应该相互尊重理解。

二、如何理解中华优秀传统文化及其"两创"路径？

王学典：您的思考非常有深度，发人深省。确实，不同文明之间的最大差异是价值观，文明对话的核心其实是价值观的对话。如何在不同价值观念中寻找到平衡点、公约数，是东西方文明对话应该考虑的重要问题。让世界看到并接受中国智慧、中国方案，这是您的文明之梦，也是中国人的文明之梦，更是建构人类文明共同体的必然要求。

王　蒙：习近平总书记提出建设中华民族现代文明，让这个文明梦想的实现有了一个明确指引。中华文明与中国式现代化的接轨是一个很大的理论命题。我们讲到中国式的现代化，讲到人口规模巨大的现代化，其实这个人口规模巨大的国家自古如此，并不是突然长大了的。虽然我们国家在古时候的人口没有现在多，但也是一个大国，是一个古国。现在全国人民共同富裕的现代化，就是社会主义的现代化，也是中国自古"老吾老以及人之老，幼吾幼以及人之幼"的一个政治理想、社会理想的表现。物质文明和精神文明相协调的现代化，是中国自古以来重仁义、重道德的传统。这个叫作"道之以德，齐之以礼"，这也是自古已有的主张与追求。包括人与自然和谐共生，和平发展道路等，底下我都还要说到。那么我想思考的一个问题是，传统文化的特色和我们现代化的追求是怎么接轨的？

（一）中华优秀传统文化及儒学的特点

　　王学典：您提的这个是非常重要的问题。我对这个问题也有所关注，也一直在思考。我近年来有一个判断，建设中华民族现代文明，一定要经由中华优秀传统文化的继承和创新。

　　一个文明根本的转型，是文化的转型；一个文明真正的新生，是文化的新生。也就是说，回顾文化源头，传承文化命脉，融通古今精粹，包容中外英华，只有经过这样一番升华和处理，我们才能创造出与中国式现代化相匹配的新文化，才能建设中华民族现代文明。这就是我们在今天一定要透彻理解、努力发掘中华优秀传统文化的必要性所在。

　　王　蒙：理解中华文化，还要先讲中华文化的基本特点。首先，我认为中国文化的特色在于它的实践性。实践性在我看来就是此岸性，很简单的一个意思，我们讨论的就是我们生活的这个世界，至于死后是不是有另一个世界，我们的传统文化对它不做硬性的说法。孔子的说法很简单，"未知生，焉知死？"先把活着的事料理好，再考虑死后的事。庄子的说法很数学化，说是六合之外，就是三维空间之外"存而不论"。它也可能有，也可能没有，可以放在那儿，可以挂在那儿，但是我们不必急着给它做结论。就是说有些事情暂不多费心思，暂时不去仔细地追究它，去讨论它，同时又不设为禁区。但是，这不等于我们对人生抱消极的态度。

我们对人生必须是积极的，你能说得清楚人从哪儿来的，到哪儿去的也可以；说不清楚，也可以。但是你应该以天地为榜样，积极对待人生。域内外有些论断，强调人生的荒谬性与无意义性，好的，您论述得再荒谬，也无法否认您是已经活下来了。活着的人才会深刻地讲什么是荒谬与无意义，而中国传统认知则是，既然是活着的人就要活好，事情就是这么简单。天行健，君子以自强不息；地势坤，君子以厚德载物。天地的伟大示范就是中国圣贤立论的来由与依据。儒家还有一个说法，叫"知其不可而为之"。就是有很多东西它是一种理想，这个理想不完全能做到。譬如说靠仁爱就能统一天下，这是理想，其实难以做到。但难以做到，也要有这个理想，也要有这个愿望，也要有这个追求。同时我们创造的文化是为了把事情做好，给国家治理好，使老百姓过上安定的生活，使天下能够和平，能够安居乐业，而不是只承认人性的丑恶一面，认定一切理想都是没有意义的，认定更好的人类和世界是永远做不到的，只能任凭家、国、社会和人类丑恶下去，丛林法则下去，一切文化往往有一定的理想性、展望性、未来性，这才是积极的实践态度。

所以有些外国人，比如欧洲人，不理解中国传统文化的特色。哲学家黑格尔看了《论语》的德文译文以后，他说他非常失望，还不如不看，不看的话，他对孔子非常尊重，认为是东方哲人；看了以后发现孔子讲的都是些常识性的问题，甚至于他认为孔子缺少抽象思维的能力。他说得对吗？他说得完全不对。因为黑格尔是专家，是学者，孔子不是专家，也不

（明）吴彬：《杏坛讲学图》

图中为孔子正面端坐像，两侧为四位弟子面向中间，聆听孔子讲学。五人均着大领广袖长服，发用兰布挽发髻，坐蒲团。讲坛后有高镜形屏风，屏风后绘高大杏树，老干新枝，穿插交映，使严肃的讲学场面有了生机。

是学者。孔子说过，我自己有什么特长呢？如果种地不如农民，种菜不如菜农。如果一定让我说我有一个特长，我的特长就算赶车吧，我就算车夫吧，我就算司机吧。那么孔子要做的是什么呢？不是专家，不是学者，第一位的使命是成为圣人。什么叫圣人？理想中的圣人能够挽狂澜于既倒，能够改变社会的风气，能够让社会做到克己复礼，天下归仁。

第二，孔子要成为王者之师。你是皇帝也好，君王也好，诸侯也好，我要告诉你们应该怎么样治国，应该怎么样让老百姓过上安居乐业的生活。中国的理想是内圣外王。内圣是什么意思？就是心地是圣贤一样，是道德的模范，是教化的师长，在人格上要充满软实力。外王是什么意思？要实力我有实力，要权威我有权威，不服我这个权威的话，我可以加以惩戒。一个诸侯国家必须有战车，必须有武力，必须有自己的法制。这是中国的理想主义加现实主义。

伏尔泰，这位法国的启蒙主义思想家，就不像黑格尔那么简单化。他完全理解孔子，因为他是启蒙主义者。他说仅仅就这一句话——"己所不欲，勿施于人"，就已经说明了孔子的伟大。因为孔子把世界上最复杂的问题，用最简单的逻辑说清楚了，而且没有提上帝，没有提圣母，就是用人间的逻辑解决了人间的问题。

所以中国传统文化中的儒学，是亲和、恰到好处的此岸理想。儒家致力于让人们活在当下，让人们活得更好，要让个人、家庭、乡里、国族、天下更讲仁德，讲文明，行礼义，有秩序。儒家既不是反宗教的无神论者，更不是某种特定的却又是无法论证、无法显示、无法自足，同样无法证伪与排除的教义信徒。它不提倡搞"向死"主义与排他主义，它尽量做到合情合理，恰到好处，把握分寸，谦虚谨慎，雍容适度。孔子的这点精神头儿，看似普通，细想想，是越想越宾服！

 王学典：我非常赞同您讲的传统文化的实践性，儒家的基本原则、基本理念就是基于现实生活而提出的。我也认为中华优秀传统文化确实存在观念和实践两大形态，中国传统文化中的儒家，就有着强烈的实践愿望、此岸理想。

在传统文化的实践形态上，儒家确实有特殊的贡献。比如我们刚才谈到的大一统理念，就一直被儒家推崇。儒家为什么会有大一统的观念？其他各家、其他流派可能也有，但不强烈，为什么儒家是最强烈的？王先生，我最近这两年在读儒家经典的时候有一个想法，我觉得这个问题牵涉到对儒家思想的学科属性的认识。儒家为什么要维护大一统的局面？我认为这是儒家思想的本质所在，这是什么意思呢？

因为儒家在本质上是一个有着强烈的使命担当的思想，它专注的是此岸世界，是人间的实践，所以它才把民族和国家扛在自己的肩上。这是儒家真正不同于道家的所在。道家可以归隐山林，不承担此岸世界的责任，道家为了追求长生，追求成仙，主张弃世、避世，主张逃避、放弃这个社会。"天下兴亡，匹夫有责"，这种主张在本质上并不是道家提出的。而其他具有宗教性质的流派呢，它们都有一个共同的特点，就是着眼于自我解脱，而不是着眼于整个族群的发展，不是着眼于共同体的发展。比如，基督教的理想是上天堂，佛教主张觉悟成佛，道教主张羽化成仙，都是着眼于个体解放，而不是整个社会的进步和提升，不是着眼于共同体的解放。

在中国上古文明当中，儒家是主动把整个社会的发展、文明的传承扛在自己肩上的。所以我有一个与主流学界不太相同的看法，儒家思想实际上是一个典范完备的社会发展理论、社会治理理论，从个人的生老病死到个人的安身立命，到整个社会秩序的总体设计，再到整个人间秩序的全面安排，儒学都有系统的、完善的规划，并且实践了一套制度演进的理论。所以我不认为儒家仅仅是一个修身养性的伦理学。现在学界有人把儒家看作是一种修身养性的伦理学，这个判断是不全面的，实际上儒家不是单纯的道德哲学。

儒家主张格物致知、修身齐家也好，主张养性功夫也好，它最后的落脚点其实都是治国平天下。儒家的核心概念是小康、是大同、是天下为公，儒家要把社会责任、历史责任扛在自己的肩上，把国家的发展、民族的统一、文明的延续扛在自己的肩上，这是儒家一个非常重要的特点。这就是儒家为什么、孔子为什么要聚集一帮人整理"六经"的原因。

由此我们也可以认为，儒学是中华优秀传统文化的核心。我的这个认识是有所凭据的。我们或许会注意到，习近平总书记在党的二十大报告当中拿出一定的篇幅来提炼中华优秀传统文化的十大命题，他概括的"天下为公、民为邦本、为政以德、革故鼎新、任人唯贤、天人合一、自强不息、厚德载物、讲信修睦、亲仁善邻"十大智慧结晶，其中有九点出自儒家的价值观。习近平总书记在描述中华文明的精神特质时，也概括为"讲仁爱、重民本、守诚信、崇正义、尚和合、求大同"，这些也几乎全是儒家的追求。这并不是偶然的。在学习习近平总书记视察曲阜重要讲话九周年座谈会上，我专门谈了"总书记视察曲阜，我们九年过来之后再回过头来看历史意义何在？"这是我们要关注的问题。我个人认为中华优秀传统文化是一个含蓄的提法，可能是对儒家思想的一种委婉表达。

王　蒙：儒家的孔子是逆潮流而动，意欲挽狂澜于既倒的人物，具有强烈的使命感。"文王既没，文不在兹乎？天之将丧斯文也，后死者不得与于斯文也；天之未丧斯文也，匡人其如予何？"孔子在匡地遇到危难，他相信只要上苍无意灭绝斯文（文武周公之道），只要上苍还要延续文脉，就不会让他罹难；他认为自己是斯文的救主，是斯文最后的、几近唯一的火种。孔子活着的使命在于延续与重建斯文，从而"兴灭国，继绝世，举逸民"，从而"为天地立心，为生民立命，为往圣继绝学，为万世开太平"（张载《横渠语录》）。讲到这样的使命，提倡温良恭俭让的孔子还真有点"匹夫而为百世师，一言而为天下法"（苏轼《潮州韩文公庙碑》），有扭转乾坤、当仁不让、悲情义心、天命在我的担当、奋勇、决绝、献身精神。

文质彬彬，温文尔雅，儒雅有礼，这些说法都非常可爱，但也会让人感到温而不猛、文而不勇、柔而不刚、面而不强、犹豫而不决断、谨慎而不泼辣，缺少了强势斗争性、刺刀见红的力度、闯劲、拼搏，压倒一切敌对势力的气概。甚至有人认为，穷酸腐儒，秀才造反、三年不成，纸上谈兵，空谈误国，怯懦恐惧，白面书生，这些人没有男子汉大丈夫的蛮劲、狠劲、勇劲与拼劲，干不成什么大事。

这些其实是野蛮对于文明的误读。

软实力当然会受到硬实力的片面嘲笑，仁义会受到凶恶的轻蔑，道德可能会被谋略击败，文化清议甚至会被实际操控者所厌恶，美善与高尚的理念也可能受到轻视。孔子还指出："古之愚也直，今之愚也诈。"历史上这类事例与说法不胜枚举。但是如果连仁义的追求也没有、姿态也没有，所谓失道而亡的事例，也是不遑枚举。

孔夫子提倡的天地人三才的互生、互易、互证、互文、互补，仁本孝悌的伦常美德，以及"为政以德"与权力的合道性，即使不能完全兑现，也仍然有其说服力、吸引力、凝聚力与光明性、善良性、和谐性。儒家理想有治世的各种特质，所少的是乱世的惊心、闹心、伤心、刺心。尤其是在政权比较巩固，内外敌对势力的迫近性、破坏性、紧急性相对较小的时候，儒家学说能够优化世道、缓解矛盾、强调秩序、注意伦常、润泽人际地域关系，能够美化人生际遇、善化人际关系，安慰鳏寡孤独、老弱病残，抑制与淡化仇恨、疑虑、敌对心理，开出一些具有精神营养的鼓舞药与补养剂，以及作为标榜与提倡的心愿、愿景、标准……以儒家为主流、为旗帜、为标记、为高高悬挂的醒目招牌与度量衡具，以孔子为至圣先师，以

《王阳明画像》

王守仁，号阳明，明代"心学"集大成者，主张"知行合一"，是宋明新儒学的代表人物。

孟子为亚圣，以荀子为大家，以宋明理学的朱熹、王阳明为新儒学代表人物，这样的选择与塑造，是成功的。儒家前后延续了两千余年，源远流长，长盛不衰，其地位与影响，久远性与生命力，罕见其匹。

 王学典：您讲得好！正是因为儒家的这些追求，儒家思想才能长盛不衰，具有数千年的生命力。蒙老可能您也注意到，我们到孔府，到孟庙，到大成殿去参观，大成殿两边都有匾额，一边写的是"斯文在兹"，就是您讲的"斯文"，明确表达出文明的火种在这里；另一边写的是"守先待后"，即儒家要把文明的火种保留下来，等待后人去创造、去弘扬、去传承。

"斯文在兹，守先待后"，这是儒家的巨大的关怀。我们看不到其他文化、其他思想家、其他思想流派，能够有这样一种胸怀的。所以我认为儒学作为一种社会发展理论，作为一种社会治理理论，和自由主义、社会主义同为世界性的社会发展理论。我不认为在社会发展理论上，在今天还有其他的社会发展理论能和这三大社会发展理论相提并论。所以这里的社会发展理论，是指要么正在付诸实施的，像自由主义正在西方世界付诸实施，像社会主义正在中国和其他国家付诸实施；要么曾经被大规模地付诸实施过，这就是儒家学说。

当然上述三大社会发展理论，它们的特色是不一样的，立足点是不一样的。儒家的社会发展理论是建立在对德性的强调之上的，所以我们读《论语》也好，读《孟子》也好，都会产生一种使命感，是一种油然而生的使命感。我感觉道家就没有这种使命感，它是让人走向解脱，是让人看透这个社会；佛教要让人看到世界是个空的，是个虚无。所以我们现在很多主流观念是儒学所主张的，因为儒学包含对人类社会的思考，它不关注彼岸世界，人死后是什么它不过多关心。这个思想在《论语》当中，在孔子、孟子那里都说得非常清楚。儒学强调得人心者得天下，至于人死后到哪里去，儒学主张存而不论。被儒学安顿的是人心，而人心是此岸的、当下的、肉体的，所以儒学关注的是社会发展，是整个社会的秩序。

我觉得儒学作为一个社会发展理论，是把社会发展、社会治理放在一个德性的基础之上，建立在道德感召力的基础之上，这是儒家一个非常重要的特点。儒家所有的政治理论都由此派生出来。儒家基于一种感召力，所以孔子就提出"政者，正也"。政治好办，你只要做人正派，具备君子人格即可，这就叫"为政以德"。"其身正不令而行，其身不正虽令不从"，儒家强调圣君贤相要为这个社会作出表率。

所以我个人感觉这三大社会治理理论，三大社会发展理论出发点、着眼点不一样。当然有些人可能会问，未来能不能把这三大社会发展理论融合到一块儿，既有人格感召力，又有政治认同，还有法治信仰。这样当然更好。所以未来社会的治理，世界的治理，也许会把所有社会发展理论最精华的部分汇到一块，形成一个新的社会发展理论，这是未来的事情。

 王 蒙：德性这个概括很准确，包括儒家在内的中国传统文化是崇尚德性的。读儒家的经典确实能体会到一种使命感和道德感召力，或者说是一种君子精神，它塑造了我们的"礼义之邦"。

孔孟、荀子他们都用大量的篇幅来论述君子的道德，君子的风度。其中一个说法是"君子坦荡荡，小人长戚戚"。君子是光明正大的，是心胸开阔的；而越是小人，越得不到快乐，越是嘀嘀咕咕整天闹事。孔子还有一条叫作"君子求诸己，小人求诸人"。这个提法也非常好玩儿，非常有意思。如果是一个君子，不管碰到什么问题，他首先想到的是自己的责任，是自己改进的空间，是自己应该作出的贡献。而小人呢，不管碰到什么倒霉的事儿，他从来想的不是他自己，而是别人的毛病，背景的毛病，环境的毛病。那么甚至于碰到一个好事，小人也从来想不到说是遇到这样的好事，他应该怎么样的努力；或者自己的朋友、亲友遇到了好事，应该怎么样祝贺他们，为他们高兴。他想到的只是认为一切好事的发生是靠你的背景，靠你的群众关系，靠你的拉拢，你的公关手段。小人和君子要求自己完善的思路完全不同，这太有趣了。所以朱熹说过，君子和小人对比，就跟白天和黑夜一样，小人老是拧着。可是小人又不是最坏的人，孔子并没有说小人是坏人，小人不是敌人，也不是仇人，也不是恶人，小人就是小人。全世界很少有这么分析人的。

关于君子和小人的区别，儒家说的更让你喝彩的就是"君子和而不同，小人同而不和"。和而不同是什么意思呢？每个人都有自己的头脑，都有自己的责任，都有自己的角度，同时都注意团结，注意和大家一起把事情办好，这样就是和而不同。同而不和是什么意思呢？为了利益勾结起来，表面上看简直就是极亲密的，《红楼梦》叫蜜里调油，就是没法再亲密再甜美了；但是实际上，这利益一发生变化，可能就互相变成了仇敌。同而不和就像《智取威虎山》里头的坐山雕，他们那批人就同而不和。和而不同呢，就是君子人格。君子的精神儒家讲的还有很多，例如小人之过必文

（饰）等，有很多很多的。

王学典：您刚才讲到君子精神，这一点我也感受很深。我认为传统文化中的儒学就特别强调德性伦理，特别强调自身的修养，这一点和西方文化不一样。西方文化更强调一种外在的规范，靠制度、靠法律、靠法治等刚性约束，而中国的儒家文化更多的是靠内心的提升，希望人人都是君子。毛泽东主席曾经说过一句话，"六亿神州尽舜尧"，他希望造成一种人人都是舜、都是尧，人人都是君子的局面，而这种君子是通过自我修炼、自我修养来完成的，不是靠外在的力量。所以说，西方文化是一种规范伦理，而中国文化是一种德性伦理，是自我约束，是自律，是克制，是慎独，然后久而久之，下意识状态就会形成一种君子人格，不需要外在的强制就能够做一个有境界、有操守的人。所以儒家的德性伦理与西方的规范伦理形成鲜明对照，我觉得这是非常重要的一个方面。

君子人格、人文主义不是空的。它的实际内容，它的最终追求，在我看来是一种再造或塑造出有教养、有操守、有追求、有境界、有品格的彬彬有礼的君子。儒家的文化，中华优秀的传统主流文化，本质上是塑造那种彬彬有礼的君子文化。中华优秀传统文化本质上是一种精英文化、士绅文化、上流社会的文化。我个人感觉，儒学的复兴，中华优秀传统文化的复兴，它实际上是包含着追求将全体国民君子化、圣贤化的理想。它的追求在这里，它的要义在这里。

所以我们的很多理念，很多思想，都是来源于儒家。蒙老，我有一点不成熟的看法,在这里向您汇报,请您指导。

儒学是作为一种社会发展理论存在的,大一统是作为儒家社会发展理论的重要组成部分的。我个人感觉儒家有三大理论遗产、思想遗产,在今天仍然有它特殊的价值。

第一大遗产是贤能政治,选贤任能。儒家的社会理想,必须通过贤能政治来实现。所谓贤能政治,按照现在的说法叫德才兼备,既贤又能。贤是道德上的要求,能是才干上的要求。儒家与国家权力的关系非常值得研究,儒家的理想必须通过国家权力来实现。侯外庐先生曾经以冯友兰先生为例,专门谈过这个问题。他说,很多人对冯友兰先生在民国时期、"文革"时期的表现有很大误解。冯友兰是比较典型的一位人物,他在民国时期是蒋介石的座上客。新中国一成立,他就给毛主席写信,又在"文革"时期充当了江青的顾问,参与评法批儒,到处去作报告。侯外庐先生说很多人不理解冯友兰先生为什么总是向权力中心靠拢,向政治靠拢。侯先生说:冯先生向权力中心靠拢,不是他的品质决定的,而是他搞的学问决定的。我觉得侯先生这个结论极具洞察力:儒学需要向权力中心靠拢,儒学必须借助国家权力,把国家权力作为实现自身理想的助力。儒学非常希望能拿到权力,但并不是拿到权力之后享受权力带来的好处。因为儒学要安排整个社会秩序,要安排整个人间秩序,从人的生老病死到整个社会的制度安排,这些离开国家权力无法运作,所以儒家理想的实现离不开国家权力。

儒家跟权力的关系非常密切,孔子周游列国、孟子周游列国都是想获得重用,他们都想像管仲一样——管仲曾经九合诸侯,一匡天下,儒家都有这个愿望,都以管仲为榜样。因为只有拿到权力才能实现自己的理想，才能全面安排人间秩序。所以儒家对权力的向往，绝对不是对享受的向往，不是为了拿到权力以后再享受权力带来的好处。它是要实现自己的社会理想，要全面安排人间秩序，要把人的生老病死都作一个合理的安置，这些都离不开权力。所以儒家要想实现自己的社会理想就必须接近权力，贤能政治理念也必须通过国家权力来实现，因为它要求管理者必须是君子。这就像我们说的，中国共产党是中国工人阶级的先锋队，同时是中国人民和中华民族的先锋队，这个要求和孔子、孟子对君子的要求是相通的。

儒家的贤能政治是一种推举制，不是一种选举制。儒家不是通过大家投票的方式选择领导人。推举制和选举制虽然只有一字之差，但推举制有赏识的因素在里面，我们中国人特别向往这一点：所谓"千里马常有，而伯乐不常有"，每个人都认为自己是千里马，只可惜自己没有实现抱负，就认为伯乐不存在，伯乐不常有，每个人都怀才不遇。蒙老，我在讲课的时候经常举李白的例子，举杜甫的例子，这都是很典型的。他们都认为自己有治国才能、有雄才大略、能治国平天下，但是之所以没处在相应的位置上，是因为没有伯乐，不被人赏识。

推举制是中国特殊的政治文化，中国人特别欣赏三顾茅庐的故事。刘备三顾茅庐请诸葛亮出山，刘备三顾茅庐，诸葛亮就鞠躬尽瘁，死而后已。中国人一般不会自己跳出来提要求，中国的政治文化不是这样。相反，中国人很烦那种到处要权力的人。所以中国的政治文化就像三顾茅庐的故事一样，这反映了中国的政治文化——你三顾茅庐请我出山，我就出来帮你匡定天下。诸葛亮在《三国演义》中有一个舌战群儒的场面，我们可以看出诸葛亮所崇拜的人物不是孔子、孟子，他崇拜的人是管仲、乐毅这样的一批治国能臣。中国有大量的隐士，像诸葛亮一样的隐士，这种现象不是偶然的。有时候我们把他们叫作世外高人，中国有个成语叫东山再起，什么是东山？就是指东晋时期谢安隐居的东山；什么是终南捷径？也同样是指在长安城外的终南山上，有一大批道士、隐士，像诸葛亮一样，他们都等待着他们的刘备出现，刘备们三顾茅庐，然后隐士们出来治理天下，这就是所谓的终南捷径。中国有一大批的隐士、世外高人存在，典型地反映了中国政治文化的价值，我需要有人来推荐，我需要有人来赏识，只要给我足够的尊敬，我会帮你打天下，这是中国政治文化的一个特点。这跟西方政治很不一样，西方的选举、投票、游说，政治家在选民面前大言不惭，选民想要个天（大的愿望），西方政治家就先给出承诺，但是上台之后再另做解释。但是这个做法在中国就是政治失信，后果是很严重的。

所以我认为中国儒家的一大遗产是贤能政治，而贤能政治是推举制，我个人感觉这是中国和西方很不相同的地方。到现在我依然认为，中国还是贤能政治的文化。中国人对领导人有特殊的要求，尽管不是一人一票地进行投票，但是仍然有中国特殊的制度安排，这一点直到今天依然值得肯定。

儒家的另一大遗产是道义经济。我把儒家的经济主张概括为道义经济。王先生，贤能政治不是我提出的，但是道义经济这个概念是我概括的，我认为儒家的经济设想和社会主义市场经济特别接近。为什么我们在西方自由放任的市场经济理念之前，一定要再加上中国特色社会主义来限定市场经济？其实就是为了给市场经济加上道义的限制。在这里中国特色社会主义的要求与儒家的经济主张是相通的。儒家特别欣赏井田制，孟子就曾经专门论述井田制的理想。那么儒家为什么特别欣赏井田制？这是因为儒家有一个理想，就是"天下为公"，让老百姓不饥不寒；一部分人可以大富大贵，但是另一部分人也得有饭吃。中国人对这一点的愿望特别强烈，对平等的要求不是偶然的。所以儒家是一种道德理想主义，而社会主义的市场经济也是特别强调共同富裕的，是以公有制为基础的。

习近平总书记在党的二十大报告中谈到，共同富裕不是同步富裕，不是指富裕的程度与先后，而是要反对两极分化。不能一方面朱门酒肉臭，另一方面却路有冻死骨，这样不是社会主义的理想。不管市场经济能带来多少效率，如果它导致不平等，那不是我们的追求。所以中国特色社会主义的市场经济与儒家的经济，在我看来它们同属道义经济范畴，两方都主张给经济活动设置道德界限、伦理界限。当然我不是说西方的市场经济就没有道德界限、伦理界限，西方的市场经济是很发达的，有着各种各样的制度保障和理论保障。我只是说在中国这种特殊的国情之下，在这样的心理背景之下，在儒家特别强调伦理的作用之下，中国的社会主义市场经济特别反对、特别担心两极分化。这是我们实行中国式市场经济也要特别考虑的一个问题。

儒家还有第三大遗产，直到今天还在起作用，那就是天下主义。自由主义的本质是个体本位、个人本位、个人至上，这里的个性自由不是我们通常所说的自私自利，这是自由主义的一个生活方式，是把个人的价值放在首要的位置上。而社会主义的本质是共同体本位。什么叫社会主义？就是主张社会本位，也可以叫作国家本位，也可以叫作集体本位。它是一种集体主义的价值观。

与此相较，儒家的本质则是天下本位。儒家主张天下为公，所以它与个体本位拉开了距离。例如《礼记》当中特别提出来，大同社会是"人不独亲其亲，不独子其子"，所以儒家的天下为公，有非常重大的价值。我们很难想象，这种理念在两千多年之前就提出来了。我们知道《共产党宣言》有一句话，共产党人可以用一句话来概括自己的主张，概括自己的纲领，这就是消灭私有制。所以在这一点上马克思主义和儒家的理念是接近、契合的。马克思主义为什么能在中国生根？一个诞生在欧洲的社会发展理论，为什么能被中国人接受？因为它和中国的儒家的理想太接近了。所以"天下为公"有非常重大的价值。我们到海外，到中国城、唐人街等华人居住的地方，有些地方一进去就看见有个牌匾写着四个大字："天下为公"。孙中山先生特别欣赏这个概念，认为天下为公，世界才能大同。所以我认为，人类命运共同体的理念由中国提出来，绝非偶然。建构整个人类的命运共同体，这个主张完全是和儒家天下主义一脉相承。儒家从来不仅仅只考虑某一个地区，某一个区域，某一个民族，某一个诸侯国，它要考虑的是天下。所以这是儒家的第三个政治遗产，也需要我们在社会治理层面高度关注。

　　另外，儒家还特别强调角色伦理。王先生，我们刚才讨论的礼仪之邦就跟这个密切相关，君君臣臣、父父子子，处在什么样的角色上，就有相应的伦理要求，就必须完成这个最基本的伦理要求，然后才能承担其他工作。

王　蒙：您讲的宏论极有意义，值得认真探讨。当然，还有进一步完善与精确化、充实化、丰满化的空间。

儒家强调德性和角色，可以说是泛文化、泛道德的政治，同时也是精英化、文明化、教化化、教养化、软实力化的治理——这属于公共管理学。君子进入权力体系，不仅是为了管理，还是为了将管理与教养、教育、教化高度结合为一体。这与今天的选拔干部与党的建设强调德才兼备，以德为先，任人唯贤，保持执政党的先进性等等，是有延伸与承先启后的轨迹的。

我们在强调现代化的同时更强调文化自信，习近平总书记自始就强调传统文化的创造性转化和创新性发展。怎样转化？怎样发展？就是要使我们的传统文化与现代化对接，与人类命运共同体对接，与现代科学技术对接，与列宁极度重视的电气化对接，与 21 世纪的人工智能、纳米技术、基因工程等尖端发展对接。我们的传统将成为中国式现代化的驱动与根基，我们的文化必须是攀登人类文明高峰的现代性文化。而现代化又成为历史上从未出现过的，带有异质性的挑战、命题、冲击、考验，曾经使我们尴尬痛苦、进退失据，乃至出现了各种危机感。现代化终于又大大激活了我们的传统，启发了我们应变与飞跃的智慧，革命、建设、改革、开放，传承着、发展着、转化着、创造着我们传统文化的现代化与生命力，构建着我们的现代文明。

我们的指导思想是马克思主义，我们的精神渊源是中华优秀传统文化，我们的传统文化中首先需要重视儒家传统，我们同时汲取了农民起义、替天行道的革命传统，更同时面向世界关注着中国的发展与现代化。我们的改革开放"拿来"、汲取与消化一切可取的道、术、器、技，实现全面的现代化，并从来不忘我们自身的主体性与自决力。

王学典：您讲的传统文化与现代化结合的原则是非常重要的。我们面对儒家思想遗产也必须考虑这个问题。从现代化的角度来看，传统文化之中、儒家思想之中确实也有一些问题。所以我们也应该认识到，儒家也有一些与现代理念不符的方面，也有一些局限性。

比如，儒家的第一大局限是漠视个性，漠视个人权利。这一局限不能回避。儒家强调义务，强调宗族，强调共同体，强调家庭，强调社群，有一种义务本位的倾向。所以我们读《论语》都有这个感觉的，感觉儒家不张扬个性，更不用说主张个人至上了。但是《论语》的主张和后来所谓"君为臣纲，父为子纲，夫为妻纲"，是完全不一样的。在孔子那里父子君臣思想不是这么固化，但是到后来当汉代把它作为一个意识形态之后，儒家的某些成分就被推向极端。之所以后来出现"君为臣纲，父为子纲，夫为妻纲"，并不是说是无中生有，它是把儒家某些带有这种成分的东西推向极端。儒家的核心就是强调义务，个人对家庭的义务，对宗族的义务，对共同体的义务，对集体的义务。而西方的自由主义是个人本位，特别是强调个人的权利本位，不像儒家强调的是一种义务本位。特别是在今天我们强调儒家的创新性发展、强调创造性转化的时候，这个差别是需要我们高度关注的。当然，我也反对像巴金先生的《家》所描绘的一样，把家描绘成一片黑暗，是个牢狱，是个藏污纳垢的地方，甚至主张毁家，主张不承担任何的家庭义务，这个当然也不对。

所以，儒家的一大局限是漠视个人权利，更强调义务，没能把权利和义务均衡对等，我觉得这是一个问题。特别是我们在强调要发挥个人创造力的时候，如果没有一个自由的心态，个人心理不能在自由的状态之下，我们创造力的释放会受到限制的。而传统中国在这一点上是有问题的，几千年来是存在问题的，这是需要我们慎重对待的。中国人如此聪明，为什么有些中国人到国外去，能够获得诺奖之类，而在我们这个儒家文化的腹地上，他这些聪明才智反而不能得到充分的发挥呢？这与我们这个地方的漠视个性的传统过重是有密切关系的，这是我们需要正视的。

第二个局限，这当然不光是儒家的局限——在我看来也是中国几千年政治思想发展的一个局限——中国几千年的政治演化始终没能解决对公共权力的监督问题，没能解决对公共权力的约束问题。儒家实际上意识到了这个问题。《礼记》上说"苛政猛于虎"，只有苛政才是"猛于虎"吗？事实上，所有不受制约的公共权力都猛于虎。既然猛于虎，按照现在的说法，就必须把老虎关在笼子里，那么如何把公共权力关在笼子里，如何防止公共权力对个人权利的侵犯？如何防止权力对社会的侵犯？儒家有他自己的想法。儒家有什么解决办法呢？儒家寄希望于人的境界，人的操守，人的修养，人的品质，人的人格，人的自律，人的慎独。所以儒家的一套设计就是，要求个人成为君子，这样你就会约束自己，你就会自律，你就会慎独。如果外力对你进行强制约束，你就不是君子了。所以儒家主张首先把自己修炼成一个君子，修炼成一个贤人，然后把你放在合适的管理位置上。

所以儒家主张的是一种内在的修养。儒家认为如果把公共权力放在贤人君子手里，肯定不会出现问题，贤能之人怎么会出现问题呢？所以这是儒家的一个理想。现在看来它有合理的成分，因为一切问题都因人而异，事在人为；但是如果把这一切都完全依靠贤人来解决，也很难靠得住，特别是很难持久。回顾几千年的中国历史，反复出现王朝更替，周而复始；农民起义一再爆发，一方面宣扬奉天承运，另一方面宣扬替天行道。中国的王朝帝国一般不超过 300 年，两汉加在一起才 400 余年，唐代不到 300 年，明代不到 300 年，清代不到 300 年，历史上那些小的王朝更不用说了。一个王朝发展到一定程度，整个社会一定会发生动乱，然后农民起义起来扫荡旧制度，然后新政权休养生息，然后经济繁荣，100 年左右又开始出现新的问题。治乱循环的核心问题就是公共权力没能受到约束，没能解决把权力关到笼子里去的问题。所以如何把权力关到笼子里面，这是有关人类文明演化的非常重大的问题。不受制约的公共权力给人类社会、给人类文明带来的灾难，不亚于自然界带来的灾难，甚至比自然界带来的灾难更严重。

王先生，我们看中国历史上的每一次王朝更替，每一次周而复始，都会导致整个社会的剧烈动荡。当我们的文明、社会财富积累到一定程度的时候，一次社会动荡就足以把数代人积累的社会财富破坏大半，付出的代价极为巨大。怎么样把权力关在笼子里，防止对人类文明成果造成损害，让人类文明稳定地发展下去，这是传统中国、传统儒家没能真正解决的问题。

中国共产党人对此进行了持续探索，为回答这个问题积累了宝贵经验。毛泽东同志就有著名的"窑洞对"，探索了跳出历史兴衰周期率的实践道路。新中国成立以来，我们的人民代表大会制度等一系列新探索，创造了中国特色社会主义制度；以习近平同志为核心的党中央又提出了以伟大的自我革命来带领伟大的社会革命，提出了"两个结合""文化两创"

等一系列新命题。包括我们的反腐败，设立新的监察体制，我们取得了巨大的成果，赢得了巨大的民心。所以党的十八大之后一个非常重要的任务是：重建制度，重建规则，重建秩序，重建纪律，重建规矩，中心是要解决如何把权力关到笼子里去的问题，并取得了重大成就。儒家意识到了这个问题，但是没能解决对公共权力的限制问题，我觉得这是儒家思想的第二点局限。

儒家的第三个缺陷是过于强调亲情，过于强调人情至上、关系至上。中国是人情社会，这有它有利的一方面，这是中国和西方完全不同的地方。近些年我一直在做一项工作，就是要重建东方伦理型生活方式，试图保留中国传统社会重人情、重亲情的特点，同时又要引进西方的法律制度。为什么我们要保留人情呢？中国最使人感到温暖的就是人情，这是儒家一个非常重要的特点，儒家的思想之所以不朽，儒家的文化之所以不朽，之所以在世界上受到重视，就是因为儒家把自己深深地扎根在人类最顽强的社会结构之内，这就是家庭。中国是特别重视家庭的，为什么特别重视家庭？人类社会自诞生以来有很多组织，但所有的组织，就顽强性、稳定性而言，都不能超过家庭组织。所以儒家的伦理中非常讲究孝道，主张孝悌是仁之本，这也就是特别强调家庭。

我在国外的时候和一个华人朋友就一块讨论过这样的问题，我就问他，美国社会当中家庭有什么作用？事实上美国社会很发达，整个社会组织很发达，离开了家庭照样生活。但是他告诉我，在美国依然有很多组织的功能是不能取代家庭这个功能的，说家庭依然有它的合理性，所以我们看美国有些电影大片最后落脚点都是在家庭。中国人特别强调亲情，中国人有一个很大的特点，就是特别强调熟人之间的关系，更喜欢与熟人共事，跟陌生人不行，有些人有所谓的"社恐"。所以我们到西方社会，走在路上遇到那些西方人，那些年老的、年轻的，那些人都会主动给陌生人打招呼。但是中国人见到陌生人不是这样，中国是特别强调熟人的社会，我们特别强调熟人的圈子，强调老乡、大学同学、战友。所以所有这一切背后都是感情，这有它的好处。

与此同时，我发现相当多的中国人喜欢在酒场上谈事情，我对这一点抱着一个很矛盾的心理。中国人人情的成分的确太高，这个人情成分太高的结果，是对法治的漠视，导致做事的时候到处找关系。对法治的漠视，我觉得这是一个非常大的问题。如果某人获得新身份之后，就肆无忌惮用掌握的资源为熟人做事，做一些甚至是不符合程序、不符合规定的事，这个是很可怕的。所以这个形式既有它的好处，也有它的坏处。所以熟人社会现象我们一方面要理解，另一方面我们也看到还是有很大的问题。熟人社会会对法治程度存在削减，怎么样避免这个局限，怎么样避免中国人情泛滥所导致的后果？是我们重点要考虑的问题。

那么我和蒙老您谈到中国儒家思想存在这些局限，是想说明什么问题呢？就是说我们对中华优秀传统文化进行创造性转化、创新性发展是十分必要的。而且我认为"两创"的对象是中华优秀传统文化，那些糟粕不需要"两创"。比如君为臣纲、父为子纲、夫为妻纲的思想，这些怎么"两创"？这些糟粕的东西，没办法"两创"，没办法转化，没办法创新。所以我在各种各样的场合强调一个平衡性的看法：中国式现代化的开展，既不能照搬西方，同时也不能照搬传统。很多人认为既然我们不能照搬西方，那就转而主张我们照搬传统吧，其实照搬传统的主张也不行。

王　蒙：非常好。你讲的儒学的局限性既有理论又生动
实际，合情合理，用文学说法叫作充满生活气息，令
人击节喝彩。我们谈论儒家的局限性，其实更表现了儒家的自省与反思文
化，吾日三省吾身，见贤思齐、见不贤而内自省，反求诸己，民间的"静
坐常思己过，闲谈莫论人非"，这都是儒学自省文化的光辉。同时，儒学
从来都是既有崇高地位又遭各色讽议的。从楚国接舆的"凤歌笑孔丘"，
到"五四"时期的"打倒孔家店"，这些历练与讽议对于儒学来说，与其
说是挑战，不如说是发展进化、创新转化的契机。

　　所以您讲的儒学与传统文化的两面性我也深有触动。孔子提出过礼
治，实际上是对个人行为举止、思维言语都作出了规范，要求人们按照规
范来做。但是，我们无法设想每一个掌握权柄的人都是道德的模范。这就
形成一个矛盾，什么矛盾？儒家以德治国的想法很美好，但常常实现不
了。翻开历史，很难看到历朝历代的皇帝是道德模范形象，相反看到的却
是腥风血雨，权力斗争，朝为座上客、夕为阶下囚。但另一方面，这种道
德规范本身又是对权力的文化监督，是对权力的一种"礼义"监督，是一
种政治理想、文化理想、理想人生。我们有这样一种理想，比没有这样一
种理想好得多。

　　说到"礼义"一词，一般都说中国是"礼仪之邦"，实际上"礼仪"的"仪"
应该是"正义"的"义"，就是"礼义之邦"。礼义二字的后面是附带着深
刻的内容的。这个"义"当什么讲？义是当内涵讲，如说含义、意义、义
理。按现代的说法，义就是价值认定，就是原则，就是理念，就是纲领目

标。关于义的说法很多,但其中一种是,要求君王在他的行为、他的爱憎、他的举止方面符合一定的原则规范。中国有谏官,谏官一般是不要命的,所谓"文死谏",所以才有海瑞,海瑞是抬着棺材去提意见的。另一个是史官,史官秉笔直书,杀头也决不退缩。掌权者犯了什么过错,办了什么冤案,都给记录下来。京戏有一出叫《春秋笔》,史官可以不要脑袋,但必须秉笔直书、实书,忠于历史。

当然,对于儒家这种泛道德论也有许多批评。它从古代就受到法家、道家的批评,认为它多余。儒家把本来很正常很自然的父慈子孝,就是父母喜爱子女,子女也很依恋顺从父母变成了一种说教。比如"二十四孝"里的"卧冰求鲤"之类的,都是无法实现的,听着让人很难受。到了戊戌改良主义思潮和五四新文化运动的时候,更有对儒家的猛烈批评,与谭嗣同同时代的改良主义者,就严厉批评中国是"儒教杀人"。

所以我们还要明确的是,毛泽东同志强调对传统文化要剔除其封建性的糟粕,吸收其民主性的精华。习近平总书记多次强调传统文化的创造性转化与创新性发展。那么,如何判断传统文化中的精华和糟粕?要点有三:一看是否有利于人的发展、社会的发展,二看是否有利于社会和谐稳定,三看是否符合人类文明共识。例如"二十四孝",在今天绝对不可以不加区别地宣扬,例如所谓"埋儿奉母"的故事,发生在今天不是"孝",而是刑事犯罪。除了这些明显的封建糟粕,还有一些借传统文化热而借尸还魂的落后的习惯和意识,占卜、风水、迷信……这些都应被我们在一定程度上视为糟粕而加以摒弃。

中国传统文化中很多东西都是双向的乃至相悖的。一方面讲忠义,忠得没法再忠,肝脑涂地,不足为报;另一方面又讲如果是无道昏君,那就要灭亡。所以,《三国演义》里面劝降将归降时,就会说"良禽择木而栖,贤臣择主而事"。这棵树很脏很乱很不像样子,可以不在这棵树上做巢,另挑一棵好树。我为什么说到这儿呢?就是说传统文化是我们一个非常伟大的资源,我们从里面可以学习到很多的智慧,增加很多的知识。

但是仅仅照搬传统文化是不够的,传统文化需要面向世界,面向未来,面向现代化,传统文化是需要五四新文化运动的洗礼的。现在有一种看法是:五四新文化运动把中国这么多美好的传统文化都丢了,弄得世风日下、人心不古,这其实是错的。正是有五四新文化运动,中国人民的革命运动才挽救了传统文化,使传统文化走向现代化,进一步走到中国式现代化的健康的方向上来。

(二)"两创"路径之一：中华优秀传统文化 与中国式现代化

王学典：我完全赞同您对传统文化的判断和主张。在听您讲解的过程中，我也有一些体会。我们既不能毁灭传统，也不能回到传统。比如我们这个学校，就包括我们的儒学院，我们不能照搬西方，这个已经是共识；但是我们同样不能照搬传统，这个就很难说清楚。有部分人就认为我们的传统能解决一切问题。但是中国式现代化不是这样。我们的核心是中华民族现代文明，所以习近平总书记的"六二讲话"要点，是创造属于我们这个时代的新文化。

王　蒙：不能照搬传统是对的。所以传统文化要和中国式现代化相结合。我们也能够注意到包括儒家在内的东周诸子讲秩序，讲此岸世界，讲社会未来，它是崇尚变化的。所以传统文化也是崇尚变化的。我们今天讲这个话题，这个"化"字还特别重要。这是庄子提出来的，与时俱化。就是随着时间的变化，是不断地要发生变化的。

我们要不要现代化？这是一个非常复杂的问题。但是中国的态度非常坚决，非常端正。我们早在"文革"没有结束以前，在第四届全国人民代表大会第一次会议上，周总理的报告就提出了在 20 世纪末要实现我们的工业、农业、科技、国防现代化的问题。

很简单地说，第一，中国要坚持现代化。第二，中国要从正面评价全球化。而这个现代化和全球化的问题，在世界上的说法也是很不一致的。西方有一些学派，他们很质疑现代化的这个提法，甚至于他们不同意"发展中国家"这个提法。他们认为这种提法实际上是西方大资产阶级的帝国主义、资本主义用这样一种理论来给第三世界施压，使第三世界失去自己的文化身份、出现认同危机。他们也不同意整天计算国民经济生产总值，他们说这用不着，不必要。至于反对全球化的更多，势力更加强大。有些情况下，恰恰是美国的工人最反对全球化，因为全球化导致他们有一些人失业了，全球化导致美国的工资太高、物价太贵。现在底特律的汽车已经不行了，匹兹堡的炼钢也不行了，都是全球化的结果。可是我们中国恰恰认为我们应该全球化。毛泽东同志曾经说过，如果我们得不到应有的发展，我们会被开除球籍。同时我要加一个学习体会，如果我们的现代化的发展找不到中国式的道路，如果我们不能够把现代化与传统文化的精神相结合，我们就会自绝于这块土地，自绝于人民。

讲到中国崇尚变化，我还是印象很深刻的。20 世纪末，当时社会主义国家用各种不同的形式开始实施改革开放。但是，首先是卡特时期的美国国家安全顾问布热津斯基，其次是英国首相撒切尔夫人，还包括跟中国打交道很久的基辛格，他们都说这次改革开放，苏联和东欧要出麻烦，他们没办法进行改革开放。因为改革开放后，原有体制受不住改革开放的冲击。但是，改革开放最有成功希望的是中国，因为中国有独特的文化。

所以我们对于现代化的选择，我们对于发展是硬道理的认定，我们对于中国式的现代化的坚定强调，这是人类文化的一个新现象。这是很多国家都做不到的。问题在于，有些西方的国家也认为现代化就是西方化，认为你必须是按我这套走才算现代化。现在呢？我们的态度非常明确，首先，我们要坚持现代化，我们坚决实行改革开放，我们坚决要发展、发展再发展，因为现在还没有达到我们中国梦的这个目的。但同时，我们是按中国的方式，按中国的哲学，按中国的逻辑，按中国的传统来现代化的。

 王学典：中国式现代化的确是变化的一种形态，您的这个判断很有现实意义，因为它同时也是面向未来的变化。

在我看来，中国式现代化始终是在寻求平衡与兼顾当中进行的。既要发展又要稳定，既要效率又要公平，既要工业化又要绿水青山，既要人类的文明普遍成果又要坚持中国共产党领导的中国特色社会主义制度。所以中国的现代化始终是在这样的追求兼顾与平衡当中来展开的。马克思和恩格斯在《共产党宣言》当中看得非常深刻，它说现代化所到之处，到处引起动荡、引发社会震动。现代化破坏了几千年形成的社会格局、政治格局、文化格局，也就是破坏了我们通常所说的传统。现代化到处毁灭传统，所以《共产党宣言》说得非常清楚，现代化所到之处都是动荡和不安。中国不是这样，中国一方面是持续40多年的高速发展，而另一方面是社会的空前稳定。这个很难兼顾，但中国做到了。

另一个平衡，就是我刚才提到的效率和平等的关系。我们不仅要高效率，我们还要尽可能地平等。效率和平等两者永远都是一对矛盾，追求平等可能会伤害效率，追求平等就是有点平均主义，平均主义可能会导致干和不干一个样，干多干少一个样，那么谁还会干呢？但是要放任不平等也同样有害公平正义，所以有时候追求效率很难兼顾平等。而中国在这一点上也是做得非常之好的，在我看来非常之好！我们长达 40 年的时间，实现了 10%、8%这样高的经济增长率，同时我们又尽可能地兼顾着平等，兼顾共同富裕。特别是 2021 年，在我们建党 100 周年的时候，习近平总书记宣布我们整个中国进入小康社会，这实现了我们的初心，实现了当年小平同志的一个愿望——全面建成小康社会，消除绝对贫困。尽管差别还存在，但是我们消除了绝对贫困，剩下的是吃的质量问题，不是有得吃没得吃的问题，而这一点非常难得。

另外，我们既要蓝天白云，也要工业化，也要经济发展，这个也很难兼顾。我们都经历了十年、十几年之前漫长的雾霾天气。秋冬季节正是雾霾高发时期。所以现代化对环境的破坏我们是有目共睹的，工业化、现代化打破了人类活动和自然环境之间几千年所达到的那种平衡。在选择现代化的时候我们要注意，我们要兼顾上述两者，因为我们不是原发现代化国家，而是后发现代化国家，我们不能走原发现代化国家那条"先污染、再治理"的老路，我们必须在坚持现代化本质的同时，要避免现代化带来另一些恶果、后果。所以，我说中国式的现代化道路要把握好这个平衡并不容易。我们既要金山银山，我们也要绿水青山，这就是中国式现代化道路，现在我们做到了。

其中还有更重要的一条，就是我们既要人类文明发展的普遍成果，我们还要坚持中国共产党的领导和中国特色社会主义制度。这在西方一些人看来是不可能的,怎么能在另一个社会政治体制之下来实现现代化呢,因为在这之前没有先例。但是我们做到了。我们做到了在吸纳人类文明成果的同时更好地坚持中国共产党领导和中国特色社会主义制度,而且我们把党的领导和社会主义制度看作是中国式现代化的最本质的特征。换句话说,我们在不同于西方现代化的道路之外,在另外一种社会政治体制之下实现了现代化。那么中国式现代化为什么必须坚持党的领导和中国特色社会主义?我们在实行现代化、推进现代化的时候,为什么要一定坚持我们的特定的社会政治体制,而不能按照所谓的西方民主宪政体制?我觉得这是我们要回答的问题,要考虑的问题。从学术上怎么把握这个问题,也就是说,从政治学、管理学、历史学等角度上,从学理上我们如何认识这个平衡,如何把这个兼顾处理好呢?我觉得迄今为止,我们在这个问题上还有进一步探讨的必要。

王　蒙: 那么对这个问题您是如何认识的?我愿闻其详。

王学典: 谢谢先生!王先生您看,为什么中国必须坚持党的领导和中国特色社会主义制度?对我们在政治社会体制上的创造性实践,如何从学理上阐释清楚?我也有一些不成熟的想法,提出来请您指点。

我认为这与中国的特殊、独特的国情和传统文化密切相关,这是我们要把握的问题，必须要理解的问题。那么中国的国情究竟是什么？在我作为学生的时候，我们在课上老师也会讲，而且也讲了很多。今天课堂上老师也会讲，马克思主义原理课程老师也会跟我们讲这个问题。但是从另外一个角度，我认为中国的国情有这样几个特点，这几个特点决定了我们必须是在特定的社会政治体制之下来推进现代化。不知道概括得对不对，请先生您指点！

第一，我们是一个超大型、超大体量、超大规模的国家。习近平总书记在他的报告当中，谈到我们是在一个 14 亿多人口的大国当中来推进现代化，我们的国土面积横跨寒带、温带、热带，地理空间非常复杂。我们这样一个超大规模、超大体量的国家，它会带来特殊的管理难度和治理难度。我在上大学的时候就学到，马克思主义有辩证法的三大规律，包括对立统一规律、否定之否定规律、量变引起质变规律。质量互变规律，量变引起质变，这完全是同一个道理的。所以在一个 14 亿多人口的大国推进现代化，和一个在 5000 万人的国家、6000 万人的国家，甚至是 2000 万人的国家，例如新加坡，在推进现代化时完全是不同的。在性质上、在管理难度上、在治理难度上，不可相提并论。我们经常会举办学术会议，我就对这一点有非常深刻的认识。如果我要办一个 20 人的会议，我根本就不需要组织一个专门的班子，我们就可以很简单地把这个会办了。但是如果我要办一个 100 人的会议，我必须得有一个专业的管理团队来办会，我必须设立接待小组、学术小组或者其他的小组进行，以及财务组、会务组、后勤组等。量变引起质变，如果我要办一个 500 人的会议，那么这种情况就更不一样，需要更多的时间来组织。会议规模的大小和管理难度的高低是一个正相关的关系。中国是一个超大型、超大体量、超大规模的国家，这是我们第一个特殊的国情。这一点通常被忽略，通常我们认为好像一切都是自然而然，实际上并不是。这是第一点。

第二个大的特点，我们是一个多民族的国家。民国时期孙中山先生提出一个口号——五族共和，汉、满、蒙、回、藏五族共和。而且中国的每一个民族，包括大民族，包括小民族，都有自己独特的文化和传统，有的民族甚至有自己独特的文字、习俗和生活方式。那么，既然是各民族，就必须在政策上有差别，不能一刀切，要考虑很多变量。所以这样一个多民族国家就带来一个特殊的治理上、管理上的复杂性。这是我们必须高度重视并要处理好的。

而且中国这个多民族国家，还有一个突出的特点，就是我们的少数民族几乎都聚居在一起，在全国范围是大杂居的面貌，但在小范围内是聚居的。例如我们设置的民族自治区，都是各兄弟民族相对集中的地方。那么我为什么要强调这一点呢？各民族的相对聚居，实际上对我国各兄弟民族在情感上和文化上的交流有一定影响。我们历史上有数次民族大融合的过程，都是伴随着中原民族接纳少数民族、少数民族向中原民族学习的双向过程的，这也促进了中国这个统一的多民族国家的形成。在这个过程中，各民族在居住地域上的杂居与交叉是必要的条件之一。推动各民族的友好亲善交流，创造地缘上的便利条件也是重要方式。

我们是个多民族的国家，而且我们国家的少数民族基本上都聚居在一块。假如中国实行多党制，那你就很难办。如果每一个民族成立一个党该怎么办，你很难办的，这是中国的特点。

第三个特点，我们是个长历史的国家。中国是一个具有久远文明历史的国家。学术界认为我们中华民族五千多年连续不变。在同一片土地上，我们血缘上为什么没有改变？我们连续居住在同一个地域，在同一个文化传统之下繁衍生息，只有中国实现了这一点。我到伊朗去，到波斯帝国所在地，我去过帝国的那个废墟，也去过两河流域。两河流域更换过多少民族，包括印度，包括埃及，两河流域都有很多更替。而在中国这片土地上，一直是同一片土地，同一个人种，几乎是同一种血缘，又连续生活在这里，连续演变到现在，这是了不起的一个奇迹。

我记得习近平总书记有一段话，就是说我们有百万年的人类史，一万年的文化史，五千多年的文明史。我觉得这个是有定论的，当然在学界也有部分争议，比方说中国五千年文明史的发源在哪里，这个是有争议的，但是这不影响我们的一些共识的形成。那么这就带来一个问题，如何保护中国传统文化？凡是超长历史的国家，都会面临这个问题。美国是个新兴的国家，到现在才二百多年的建国史，那么新兴的国家就和新建的校区一样，相对来说比较简单。我们山东大学在青岛建了一个新校区，我也会经常去，整个青岛校区全是一张蓝图绘到底。我经常说那个整齐划一的程度，对称形成的美感，让你感到震撼。所以新建的校区和新兴的国家是一样，都是建在一片空地上，可以一切从头来，按照章程去做，按照一张图纸去做。在美国，这个章程就是所谓的宪法，这个图纸就是所谓的三权分立，大家签订个契约就形成了。尽管也有曲折，也曾经发生过战争，基本理念还是贯彻下来了。

但是中国是一个有五千多年文明史的国家，有一套独特的治理体系和治理传统，走着一条所谓的亚细亚道路，亚细亚生产方式。我们也专门举办了《文史哲》第十次人文高端论坛，在高端论坛上我们讨论的主题就是"亚细亚生产方式与中国道路"。那么亚细亚这个概念是马克思提出的。马克思认为在西方道路之外还有一条亚洲道路——当然西方道路他说分为古典文明,中世纪社会是封建主义文明,然后是近代资本主义文明——但是东方这个国家他不知道用什么概念来概括,所以只好用个地域概念,用个亚洲道路、所谓亚细亚生产方式来概括。总之,中国是一个独特的体系,独特的文明形态,有自己独特的发展体系,有自己独特的表达符号、语言符号,有自己独特的审美尺度。

我知道蒙老您经常出国,我们到欧洲去,包括我到俄罗斯去,就到他们的博物馆,那个收藏绘画的地方,我感到很震惊。不看不知道,我们总是认为我们东方审美的传统会如何好,但是我们看到西方的那种写实画,也同样让我们感到震撼。

所以我们有着五千多年历史、文明史的国家,它就像一个百年老校一样,无法推倒重建,没办法一张蓝图绘到底,只能见缝插针,修修补补,无法做到整齐划一。我们山东大学的中心校区是 1958 年从青岛迁过来的,到现在已经有六十多年的历史,但是在山东大学中心校区,想要做到像青岛校区的整齐划一是不可能的。我们只能在这个地方建个楼,在那个地方盖个房子,就是不能完全推倒重来,只能见缝插针,整个格局不能用一个全新的图纸、用对称的逻辑推导出来。这就像我们的长历史带来的结果,有很久远的传统,有很重的包袱。这是我们在选择道路的时候必须要注意的问题,这是中国的特殊国情,非常特殊。就长历史而言,其他国家没有。少数民族大家都聚居在一块儿的情况,其他多民族国家没有,这就是我们在选择自己的发展道路的时候,我们必须直面的一个问题。总之,超大型、多民族、长历史这个国情给中国带来了特殊的治理难度和诸多发展问题。

党的二十大报告特别强调了党的领导的重要性。中国共产党领导是中国特色社会主义制度的本质特征。这是我们国家最重大的优势，也是我们国家的根本所在、命脉所在，是利益所系、命运所系。党的十九届四中全会专门讲在我们国家的治理体系当中，把党的领导作为一个国家的根本制度确立下来。党的十九届四中全会把一个党作为这个国家的根本制度确立下来的时候，很多西方人不理解，他们说为什么能把一个党的领导作为一个国家的根本制度确定下来？西方人这种不理解，一方面是价值观的原因，比方说他们信奉多党制、三权分立，他们无论如何都不理解；另一方面西方人的这种不理解，就是他们不清楚中国特殊的历史轨道。超大型、多民族、长历史是中国几千年来的状况，要驾驭这个超大型、多民族、长历史的国家，必须依赖一种有组织的核心力量，而不管有组织的核心力量是以何种原则造就的，这是我们必须注意的。我们必须依赖一种有组织的核心力量来面对超大型、多民族、长历史国家的治理需要。

而长期以来维护我们国家统一的稳定力量，在过去是皇家的力量，是一家一姓的力量，这个没问题，这是事实，而皇家的力量是按照血缘原则组织起来的。比方说秦朝是嬴姓，汉朝是刘姓；三国时期魏国姓曹，吴国姓孙，蜀国姓刘；然后隋朝姓杨，唐朝姓李，宋朝姓赵，明朝姓朱，这就是一家一姓。皇家的力量是按照血缘原则来组织的，是建立在血缘基础之上的一种有组织的力量。不要小看有组织的力量。我们通常说如果有100个人，其中有5个人，甚至有4个人有组织的话，就完全能够控制驾驭这100个人。所以在过去所有的征伐都是由皇子皇孙做监军或将军来统率军队的，军权掌握在皇子皇孙手里，这是一个事实。那么为什么军事决定权要掌握在皇家手里？因为他害怕军队不在自己手里，百万之师派出去万一要造反怎么办？所以皇家的力量，要么做统帅（大部分是做统帅），要么做监军。秦朝有个著名的大将叫蒙恬，秦始皇的儿子扶苏就是在蒙恬那里做监军。这是中国几千年来的状况。

那么1912年辛亥革命推翻帝制后，中国立即陷入军阀混战，一盘散沙。所以先生您看，最后的结局是日军侵华，在日军侵华的同时，中国正在发生内战，国民党的军阀之间互相打、互相斗，最后给日本侵华提供了机会。那么为什么1912年辛亥革命之后中国会发生军阀混战这个局面？关键就在于掌控我们社会的有组织的核心力量丧失了，在辛亥革命之后中国出现了权力真空。过去一直是皇家的力量来掌控稳定全局，那么辛亥革命之后，没有其他力量能把这个权力真空立即填补上。所以重建掌控中国社会的核心力量，是20世纪中国面临的一个非常重大的任务。

那么事实上从民国政府开始，从国民党蒋介石政府开始，他就想重建掌控国家的核心力量。在辛亥革命之后，在现代制度的框架之下，这一核心力量不可能再以皇家的形式出现，只能以政党的形式出现。所以政党是按照特定的政治原则和组织纪律建立起来的，实际上国民党从孙中山开始到蒋介石都已经意识到了这个问题，并想从实践上来重建这个核心力量。所以国民党提出了三民主义，它有特定的政治原则、政治理念，三民主义是民主、民权、民生。但国民党有一点，它不像共产党，国民党自身是一个大杂烩，而共产党是有铁的纪律，这完全不一样。后来国民党提出了联俄、联共、扶助农工的三大政策，在一段时间之内共产党就可以用个人的身份加入国民党。我们都知道的一个事实，毛泽东主席就曾经任国民党的宣传部代理部长，协助汪精卫工作，他实际上就是宣传部的部长。但是国民党始终没能完成核心力量的重建，这是个事实。这个重建是由我们共产党最后完成的。

中国又重建了能够维护大一统局面稳定的核心力量，这就是党的领导的作用。也就是我们中国社会要学会驾驭这个超大型、多民族、长历史的国家，必须依赖于一种有组织的核心力量。而那个有组织的力量，是按照政党原则来组织的，这个过程在共产党手里完成了。新中国成立后，宪法中就明确了中国共产党的领导地位，这就是党的十九届四中全会之后，把党的领导作为国家根本领导制度确定下来的一个非常重要的原因。我们都知道我们当下面临的局面，我们国家依然面临着被分解的风险。我们都看到了所谓"疆独""藏独""港独""台独"。而且直到现在，我刚才说汉、满、蒙、回、藏仍然聚居在一块儿。我们完全可以想象，如果驾驭我们这个国家的核心力量一旦解体，我们这个国家的局面将很难维系，这非常危险。这是我们必须正视的现实，这也是我们国家不能像西方民主宪政那样来实验的一个非常根本的原因。

所以中国社会、中国历史，在我看来就是一辆有轨电车。中国自古以来都有自己固定的轨道，这个车不能乱开，你乱开就要翻车。这是我们必须要正视的问题。所以我们不能在西方民主宪政框架之内来搞现代化，道理就在这里，要小心翻车、小心解体、小心分裂。所以今天中国走的这条道路，走到现在的这条道路是历史的规定，很难在一段时间之内作出另外的选择。我们不可以随便选择另一个社会政治体制来尝试，我们只能在我们现在的社会政治体制之下来从事、展开现代化事业。所以为什么要坚持中国特色社会主义制度？为什么要把中国共产党的领导作为国家制度的一个规定，放在国家治理体系规定的核心地位？就是因为中国社会走的是一条特殊国情条件下的现代化发展道路。

也就是说，是巨大的治理需要造就了当下的治理结构，是这片土地稳定的需要造就了中国社会的政治结构。这片土地要维护大一统，不能分裂，不能多个政权并立，必须有统一的、稳固的、强大的中央行政管理体系。总之，是我们这个超大型、多民族、长历史的国家需要这样一个核心力量来掌控，需要这样一个有组织的核心力量来维系、来治理，当下包括未来依然如此，甚至尤其如此。这也是坚持中国式现代化道路，同时也必须要坚持中国共产党的领导和中国特色社会主义制度的根本原因。

 王　蒙：这个解释很重要也很有担当，很有责任感与正面面对感，既有创造性、独立性又明明白白，易于理解！我要补充几句：

第一，党的领导是中国近现代史发展的必然，是人民革命的必然。内忧外患下的全面危机、清朝的灭亡、封建皇帝家天下的制度被推翻是历史必然。但封建中国的颠覆者孙中山领导的旧民主主义革命是改天换地的伟大事件，而他创建的政党与理论的软弱无能导致旧革命走向涣散腐败，走向与人民为敌，所以他无法也无能力解决旧中国长期积累下来的阶级、民族与社会矛盾，这些矛盾也日趋暴露。在军阀混战、四分五裂、国已不国、日本侵略、西方坐视的条件下，人心归于中国共产党。共产党走的是农村包围城市、发动工农大众、团结民族资产阶级的道路，取得了革命的胜利。

中国的现代化，首先是革命的现代化。中国的社会主义的选择，是革命的动机与结果。我们面对的是革命化的现实。

第二，中国的历史有自己的治理特色，有自己的主体性。在中国不接地气，不思国情，只能失败。

第三，中国的地理环境，有大一统的必然需求。顺便说一下，在中国人口数量较多的少数民族——回族，除主要聚居在宁夏回族自治区外，从黑龙江到海南岛全国也均有分布。而即使是一些少数民族相对聚居的地区，同时也是多民族杂居的地区。

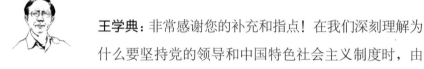

王学典：非常感谢您的补充和指点！在我们深刻理解为什么要坚持党的领导和中国特色社会主义制度时，由我们的历史、我们的文化所决定的我们的国情，是重要的、必须要考虑的因素。所以中国式现代化，其实是在吸收借鉴人类文明的普遍成果和坚持中国特色社会主义道路的平衡中进行的。这个平衡和我们讨论的发展与稳定的平衡、效率与公平的平衡、金山银山与绿水青山的平衡一样，都是不容易把握的。中国传统文化中必定存在帮助我们应对这种平衡与兼顾局面的独特智慧。您认为呢？

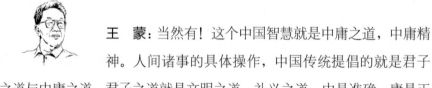

王　蒙：当然有！这个中国智慧就是中庸之道，中庸精神。人间诸事的具体操作，中国传统提倡的就是君子之道与中庸之道。君子之道就是文明之道，礼义之道。中是准确，庸是正常。孔子判断，"君子中庸，小人反中庸"，孔子抓住了小人的要害。君子做事正常准确妥善，小人，在我们今天大致就是指被称为民粹的、在网络上以哄闹乖戾幸灾乐祸为能事的极端、片面、搅局、添乱者们。网络上还有个词儿：喷子，就是说有一种以到处乱喷、到处中伤为能事的"小人"们。中庸之道更是追求和谐、平衡、共存、最大公约数的一种文明，是一种用协商、互补、互动、对话，实现文化民主的追求。文化上的异议与异动，很难通过少数服从多数、弱势服从强势的路径解决。

中庸之道，就是君子之道。孔子讲得极明确，"君子中庸，小人反中庸"。中庸之道是文明之道、和谐之道、善良德性之道。反中庸的恶果，会出现极端、分裂、暴恐三股势力。中庸之道，还是和平包容团结之道，中庸当然比反中庸是广大得多的公约数。

承认中间状态与多种选择的存在，才能理解中庸之道的意义。中庸之道，恰恰是非专制主义、非独断，具备一定的灵活性、动态性的一个标志。一方面孔子尚一，强调一以贯之，孟子强调天下定于一；另一方面孔子又承认君子与小人的两分世界，两分世界不是平均与分裂的，而是君子治理小人，小人则接受由君子们组成的权力系统的治理。同时儒家又强调中庸，强调和而不同，强调和为贵，强调"我则异于是，无可无不可"，承认在改朝换代大变动中多样选择的可能性。"不降其志，不辱其身，伯夷、叔齐与"，这里说的是伯夷与叔齐在武王伐纣、灭掉殷商以后，他们保持清流，不与新政权合作，耻食周粟，采薇而食，饿死在首阳山，显示了他们的尊严清高。孔子又讲到，"柳下惠、少连，降志辱身矣；言中伦，行中虑，其斯而已矣"。说的是另外两个逸民，虽归附于周，但仍然说话有分寸，合乎道德伦理的要求，行动深思熟虑得体，他们做到了这样的标准。

（宋）李唐：《采薇图》（局部）

此卷画商末伯夷、叔齐不食周粟，在首阳山饿死的故事。图绘半山之腰，苍藤、古松之荫，伯夷与叔齐采摘薇蕨之余，正在休息对话的情景。画中正坐一人即为伯夷，他面带忧愤，目光炯炯，注视着叔齐。叔齐一手按地似在说着什么。

为什么中国强调中庸呢？起码其中有一个原因就是中国不主张、不十分提倡竞争，而希望有君子之争；希望竞争当中互相也是善良的、有好心的、互助的这样一种态度，而不是一味地在那儿竞争。所以他对相互之间的这种不好的心肠，不好的表现，对别人的排斥，或者是独自显示自己的那种事情，他往往抱一个保留的态度。再说得明白一点，中国古代思想家从远古已经十分警惕恶性竞争，更警惕争王争霸，反对霸权主义。这样的话，中国就没有西方政治学的一个基础的见解——我说的是政治学，不是政治现实，西方的政治现实和它的政治学理论是两回事。西方政治学的一个基础的说法是多元制衡，就是社会权力权威，包括发言权、制定权、实践的权力、惩罚的权力、国家的权力要分出好几层来，让它们互相平衡着，谁也不能太过分，它认为这样社会才能够达到稳定，但是这样也可能达到分裂。这个我就不用讲中外历史了，我们随时可以找到这样的例子。

那么中国注意不注意平衡呢？中国也讲平衡，但是中国的平衡不是靠多元的互制，不是互相卡在那里，而是靠实践的梳理，靠时间纵轴上的平衡。中国的平衡理论叫作"30年河东，30年河西"，而且这是一个水文学的说法。恰恰就在数年以前，中国有位水文学家在报纸上写文章说"30年河东，30年河西"完全符合中国的几道大河小河的情况，他不跟你讲政治，也不讲社会，就是说河流。人家有各种的数据证明，大致差不多，总结得很好，"30年河东，30年河西"的这种情况下，就要强调中庸之道，中（第四声）是把把十环，这种人就中。庸叫什么？正常叫庸。其他的庸是庸俗的什么说法，这是后来把它往坏了说了。庸太重要了，中庸就是又准确又正常。那么这就是勿为已甚，过犹不及，留有余地。这是中国人讲的中庸之道。

20世纪50年代，中国作家协会在批判丁玲的时候，我还很年轻，还不是中国作协的会员。但是由于我的一篇作品《组织部来了个年轻人》引起了全国性的关注，所以我也被邀请列席批判丁玲的会，丁玲同志在发言当中说了几句话使我很吃惊。她说毛主席跟她说过，看一个人要看几十年。因为我当时才23岁，我心里想，看几十年，那我现在就还不算人呢，我这刚20多岁，还没有几十年呢。你想，看你好也看不见，看你坏也看不见呢。现在我明白了，我现在就是小说家言，小说家的说法，至少要看31年。因为这30年都是在河东，他表现得很好，你不知道他怎么样，到第31年要河西了，他把你卖了；你看过了31年，他一直表现很稳定，这个人就可以信任，所以他这是对中庸之道的强调。

但是，中国不仅仅有中庸之道，还有不中庸之道，还有苦斗之道、苦熬之道、愚公移山之道、斗争到底之道。就是说要做到人类所不能想象的那种代价和痛苦，该做的事儿我也要做到。我们会想到神话故事里面的精卫填海和刑天舞干戚，还有赵氏孤儿的故事。歌德和伏尔泰分别把《赵氏孤儿》译成了德语和法语。而且，伏尔泰翻译的《赵氏孤儿》在法国上演了。《赵氏孤儿》的故事讲得就是为了掩护赵氏刚生下来的一个小孩，多少人丢了命，多少人做到了那种艰苦卓绝，尤其是程婴把自己的儿子出卖掉，和自己的朋友都商量好了，朋友也被杀了头。然后他把这个赵氏孤儿养大，最后报仇雪恨。这真是不可思议的。但是中国共产党继承了这种精神。现代化也绝非容易的事情，实现现代化当然并不比保护一个赵氏孤儿更容易。

关于中国的这种苦斗精神。我还愿意给您报告一个我学习毛主席著作的体会。在"文革"当中，有一个语录，人人都会背。说的是捣乱，失败，再捣乱，再失败，直至灭亡，这就是反动派的逻辑；斗争，失败，再斗争，再失败，再斗争直至胜利，这就是人民的逻辑。反动派是绝对不会违背他们的逻辑的，人民也是绝对不会违背这个逻辑的。这个话我背下来以后就一直有一个疑问，作为骈体文的形式呢，它对仗不上。因为那个反动派也是失败，失败，最后灭亡；结果人民也是失败，失败，最后胜利，这没法成为对仗啊。所以我认为反动派的逻辑是失败，失败，失败，灭亡；人民的逻辑就应该是胜利，胜利，胜利，大获全胜。这多痛快，而且这文章也通，好比较，否则它不通，你写对联哪能这么写的，两边都一样，最后结果不一样。

但是毛主席这个总结太伟大了。很简单，这里我们不能从数量上来考虑，而要从现实来考虑。中国革命的胜利就是失败，失败，再失败，最后胜利。楚汉之战，汉王的胜利也是从失败，失败，失败，到最后胜利。第二次世界大战，德苏战争，苏联也是从失败，失败，失败，到最后胜利。这不是一个数量的概念，而是一个数序的概念。就像居里夫人发现镭，她之前经过的都是失败，只有最后一次胜利，就齐了，齐活了，办成了。

第二次国内革命战争的时候，由于第五次反"围剿"失败，使我们党在白区的革命力量几乎损失100%，苏区的革命力量损失90%。你从数学的观点看共产党完蛋了，这边你损失100%，那边损失90%，底下的结局那不是一抹就没了吗。但是恰恰是这种愚公移山的精神，保护赵氏孤儿的精神，不计一切代价取得胜利的精神，实现了中国革命的胜利，我们正在实现着中国式的现代化，达到中国梦的理想，我们的现代化毫不含糊地会提高我们的国力，发展生产，改善人民的生活，达到人民对美好生活的愿望和追求。同时又要不断地总结经验，不断地完善再完善，完善更完善。

就是说，中国式的现代化并不是一味中庸之道的现代化。它首先是革命胜利、改天换地基础上的现代化，是拼出来、战斗出来的现代化。没有革命的成功，现代化就会被帝国主义、封建主义、官僚资本主义所遏制乃至扼杀。同时，它又是传承弘扬了自己的文化传统与文明特性的，扎根于中华大地上的切实与稳定的一步一个脚印的现代化。

王学典：中国式现代化也同时具有继承性与创造性，蒙老您这个强调太有意义了！同时，您强调中国传统文化具有实践性、崇尚德性、崇尚变化，同时具有中庸精神和奋斗精神，我想这也能够成为我们的共识。其中先生您特别欣赏、特别推崇的儒家中庸的办法，走一条中庸的道路。这个主张非常好！只有中庸才是健康的，才是不偏不倚的。中国传统的中庸精神能够为处理诸多平衡与兼顾提供一个很好的原则。

我感觉我们讨论中国传统文化及儒学的上述特点，其实就是着眼于中国式现代化与中华民族现代文明建设。那么坚持中国式现代化与建设中华民族现代文明，为什么一定要经由中华优秀传统文化的继承和创新呢？这也有它自身特殊的历史逻辑。

中华优秀传统文化是我们的根脉和魂脉。我们知道，德国哲学家雅斯贝尔斯将公元前500年前后的几个世纪（即公元前800年至公元200年）称为人类文明的"轴心时代"。那一时期通过思想文化上的创造性突破，形成了世界上最早的几个文明核心，奠定了此后两千年人类文明世界的基本格局。轴心时代的思想家们最早提炼出了一套人类社会赖以运行的基本价值准则，铸就了各自文明的演进道路，也塑造了不同的民族认同。只有维护和发扬自身文化的根基，巩固和确立自身文化的主体性，一个民族、一个文明才能继续前行。否则，文明就会发生断裂，就会被入侵、被覆盖、被替代。如果文化上引狼入室、鸠占鹊巢，文明的复兴从何谈起？因此，雅斯贝尔斯提出文明的飞跃必须经由传统的苏醒。他说："直至今日，人类一直靠轴心期所产生、思考和创造的一切而生存。每一次新的飞跃都回顾这一时期，并被它重燃火焰……轴心期潜力的苏醒和对轴心期潜力的回忆，或曰复兴，总是提供了精神动力。对这一开端的复归是中国、印度和西方不断发生的事情。"

伏生，曾为秦博士，治《尚书》。秦焚书之后，至汉文帝时，派遣晁错前往伏生处受学。九十余岁的伏生将其所藏《尚书》悉数传授，使《尚书》得以流传。

（清）黄山寿：《伏生传经图》

雅斯贝尔斯的论断已经为历史所证明：西欧在经过了漫长的中世纪后，通过古希腊文化的回流，诞生了 10 世纪之后的欧洲新文明。同一时期，阿拉伯世界也通过对古波斯文化的继承，发展出伊斯兰文明。而中国则是在经过了佛教兴盛的中古时代之后，经过对儒家文化的回归，奠定了北宋以降的"儒家文明"。而当 19 世纪中华文明第一次遭遇数千年未有之强敌的冲击时，我们对于固有传统文化的认识开始发生变化。东西方文化差异，原本只是"中""西"之别的空间问题，这时候突然成为"古""今"之别的时间问题。本土的传统开始和老旧、落伍画上等号，西方开始与进步、现代画上等号。西方化还是中国化，一时间成了选择发展前进还是选择落后挨打的问题。在这次数千年来意义重大的文明转身中，以儒家文化为代表的传统社会的主流文化、大传统，不再被认为是一种足以自豪的底蕴，而被看作是一个亟待甩开的负担，被认为是中国贫穷落后的根源，要为"西学东渐"以来中国遭遇的危机负责。晚清以来，作为国家治理方式的儒家政体架构、作为国家意识形态的传统政治理念、作为官方教化核心的儒家经学文献，相继被推翻、清算、解构，失去了体制化、官方化的地位，陷入崩盘解体的境地。

然而，当我们今天重新回顾近二百年来的艰难转型时，则会发现中国还是中国，中国没有变成西方。中华文明依然保持着顽强的韧性，保有着独具的特色。尽管在革命性与现代性的双重激荡中，中国的传统文化遭到了前所未有的否定和批判，尽管经济基础、上层建筑和基层社会都发生了翻天覆地的变化，中国传统文化的核心要素、中华民族的核心价值观仍然保持着绵延不绝的生命力。中国经济的腾飞不仅没带来传统的死亡，反而带来了传统文化的大面积复兴。这无疑是对"传统文化阻碍现代化进程"

等原有认识的事实性反驳，促使我们重新认识中国传统文化与现代化道路之间的关系。所以，如何理解中国传统文化的特点，如何对中国传统文化进行理论定位，就成了摆在我们面前的重要问题。

包括中华文明演化史在内的世界历史发展的众多事实告诉我们，每一个民族想要获得新的发展，就必须从"轴心期"所奠定的文化传统、文化基因中寻求和确认自身的独特性和方向感。因为"轴心期"奠定了此后整个人类社会赖以运行的基本价值准则，无论人类社会未来走多远，"轴心期"所提供的价值准则都不会过时。每个文明毫无疑问都应该完成现代化，但这个现代化都不能以抛弃基本的价值准则为代价，所谓传统就是这些价值准则的延续历程。按照马克斯·韦伯的定义，现代化的本质是理性化。同时艾恺在《持续焦虑：世界范围内的反现代化思潮》中关于"价值理性"与"工具理性"的划分，也有助于我们理解传统文化与现代化的关系。而现代化就是工具理性的充分展开，这个工具理性时刻想挣脱价值理性的约束。由于现代化带有一种启蒙运动下功利主义的背景，而"功利主义有一种先天的局限"，功利主义导致"从历史衍生出来的种种价值，只被当作一种装饰品"。所以丧失了价值理性的西方现代化，正出现一些自身难以克服的问题。

现在看来，克服现代化的种种弊端的良方，还是需要借鉴于传统，融纳传统中的价值理性，以纠现代化之偏。而所谓中国式现代化是赓续古老文明的现代化，就是坚持维系人类数千年生存的价值准则的现代化。所以，每个民族都应该通过对自己传统的回顾，找到能适合自己延续自身的现代化发展道路。近代以来直至当前的中西之争，本质上是文化的竞争，而不仅是国力的竞争；本质上是文明发展道路多元还是一元的问题，而不是文明是否应该现代化的问题。每个民族都应该而且必须现代化，这是浩浩荡荡顺之者昌、逆之者亡的历史大势。但是，传统文化的衰落、消失，绝不是现代化的胜利，而只能是现代化的失败。建设中华民族现代文明，必须经由中华优秀传统文化的传承发展。

　　但传统文化的复兴绝不是守旧复古、故步自封。习近平总书记在文化传承发展座谈会上的讲话，落脚点是更加强调"现代"，更加强调创新，强调创造属于我们自己这个时代的新文化，强调赋予中华优秀传统文化以现代属性。创造新文化就是要进一步推动中华优秀传统文化创造性转化、创新性发展，就是要实现传统文化的现代化。

王　蒙：您讲的这几点判断我是非常认同的。既然中国式现代化必须要接纳传统文化，我想对中国传统文化进行理论定位，首先是抓住核心的理念或概念。我也关注过您在其他场合谈过的思想—理论—概念的层级划分。对于传统文化来说，我认为道是中国文化中一个无所不包的核心观念，道是对自然与社会的"六合之内"的存在的高度总结与抽象化，是世界的起源与归宿，是终极性神性概念，是中国概念之神，是"玄而又玄，众妙之门"（老子），是"朝闻道，夕死可矣"（孔子），是定义权威、评价权威的法则和基本规律。即使是天子——封建皇帝的权威仍然受到道的评估。合道性，是中国的一种政治理想主义，是文化对于权力的引领。中国传统，把合道性、合礼性、合义性，视为权力的权威即"奉天承运"性的依据。

　　另外，你上面谈到的儒学也是核心问题。我们的儒学既是一个古老的标志、一个人文旗帜，实际上又是活在我们的生活里的一个重要的精神基因。我们现在的儒学，对我们仍然切近的还有哪些？可以说，它是一种文化理想主义。孔子说，用行政的方法来引领，用法律用惩罚来规范，这样的话老百姓可以少犯很多的罪，少犯很多的错误，但是他们缺少尊严。反过来说，如果你首先用品性来引领，用礼节文明来规范，这样他就不但能够有尊严，而且能达到一定的格调、标准，能够成就一定的高度。

孔子引用过《诗经》上的诗，但是和《诗经》的诗不完全一样。诗曰"唐棣之华，偏其反而"，说这个春天的风将花儿吹过来吹过去；"岂不尔思？室是远而"，说我多么想念春天的花的美丽啊，可是它那个花离我太远了。对这首诗，我今天的理解与历代古人的解读并不一样，因为我宁愿理解为，这是一首爱情诗，这是一首情歌。说你多么美丽呀，歪过来偏过去，你的风度多好看，你走路的风姿是多美呀，我很想念你，可是你离我太远，想念也白想念。

孔子把这个美丽的花解释成人的美德，上了纲了，就是你的道德，你的风度，你对别人的态度，你的文明程度特别高。因此，孔子说，你想做到德行美满，就能做到的，你想念美德吗？你想做好人好事吗？马上就可以做。你想对别人态度好一点，你希望你做得很文明，马上可以做到。所以并不是美德离你太远，而是你没好好地真正下决心去做一个好人、一个君子。

孔子的逻辑是什么呢？取法乎上，仅得乎中。你光讲法律，法律就是治那个最坏的，不能偷东西，不能伤害别人，不能破坏公共财物，这是法律。可是如果你是一个有很好的公益心、有很好的助人之心的人，那么你当然不会做什么坏的事。刑法也是这样，如果你彬彬有礼，你尊重每一个人，那你能够去做侮辱别人的事，侵夺别人的利益乃至生命的事吗？这是不可能的。所以这是孔子的一种理想。

孟子甚至于把话说得更夸张，说什么样的人能够引领天下？叫作"王天下"，王要当及物动词理解，是引领天下，你不要动不动就杀人。那时说这个话是有根据的。因为春秋战国时期，诸侯国家实际上就像现在的一个个省那么大规模，争权夺利，互相倾轧，刀兵频频。一个侯王，你能够不好战争，你能够有美德，有对人民的爱、对百姓的关心，就可以高于其他诸侯国，王天下。

儒学还讲一种精英主义，儒家不叫精英，也不叫精华，叫君子。君子知道怎么样要求自己。另一种是小人，小人也不是说是坏人，当然也不是说是小孩，小人就是他的境界很小，见识很小、眼光局促。君子喻于义，义就是道理，君子是讲道理的。小人喻于利，小人只注意自己这个口袋里那点小小的利益。君子矜而不争，君子有自己该有的高度，该有的尊严，但是我不跟谁争夺。你有你的尊严，你有你的成绩，我有我的尊严，我有我的成绩，我跟你争什么？君子群而不党，这个党的意思就是指一个小圈子，君子不搞小圈子，而是团结大多数。

然后我讲一个稍微复杂的问题，就是儒学对天地人对世界对生死，甚至于对我们这个世界和终极的世界的看法。孔子的理论非常有意思。他说人应该有美德，这个美德是哪儿来的？是天生的。天生的是什么意思？就是说，人本身就具有大自然世界（天和地）给你的一切，包括生命、精神、道德、性情。那么天是什么？天，第一是最伟大的存在，最高大上的存在，天是自然的代表，天就是原生的自然。地是随着天来的，是人居住的地方，是人生存的依赖、基础与资源。人是有灵性的，有自己的追求和目的,有自己的头脑和思想,也有自己的道德自律。但是这三者是分不开的,人的天性是天给你的,天既是最伟大的存在,又是一切美德的象征,又是一切道理的象征,又是一切的终极关怀的象征。

在汉英词典上,天、苍穹,一是就直接解释成 sky,天同时是什么?也就是第二义,译作 god 和 heaven,天就是上帝、天国、天堂、极乐世界,中国的俚语,"天"就是"老天爷",就是"玄而又玄,众妙之门",又岔到老子的说法上去了。还有就是终极眷注,终极关怀,即西方的一派比较宽泛的神学定义;另一派狭隘的定义是,神学是研究基督教的学问。孔子最好的学生颜回死了,孔子说天丧予!天丧予!说老天爷不想让我活呀,他在哭天抢地,表达他的痛苦,表达他对天的无奈。

所以你可以说天是最物质、最自然、最无可争议的显然存在,但它又是一种信仰,可是这种信仰又不是信仰一个人格化的神,而是一种对于物质世界的面对与升华了的联想、延伸与理念。因为你要信仰一个人格化的神,就会产生很多麻烦。譬如说在欧洲中世纪的时候,神学曾经有很长时间讨论,关于这个耶稣进不进洗手间的问题。在捷克作家米兰·昆德拉的小说《生命中不可承受之轻》里还描写过这种争论。

而我们的中华民族终极眷注的天道说,就不存在这个问题,它不是人,它也没有人格化,它也没有脑袋,没有眼睛,也没有脚丫子,这些问题都不存在,它就是最巨大的存在,又是一切美好的东西的代表。在孔子以前,周文王的时候就有《周易》,《周易》说天的特点是什么?天的特点就是君子的特点,是自强不息。地的特点是什么?就是厚德载物。

如果因为家庭关系不好,给你找了很多麻烦,你显出不耐烦的情绪来,那你就是不孝。所以孔子各方面都作表率。还描写孔子自个儿闲着的时候，他在家里待着的时候，衣服仍然穿得很整齐。即使是自己一个人在家里待着，他也不会很懒惰，很肮脏，很粗暴，很野蛮，嘴里说下流的话，他从来没有这种情绪，所以他是要做这样的人，要起这样的作用。

所以人们说如果没有孔子，我们中国几千年过去了，将漫漫如长夜。孔子给我们带来光亮，让我们知道应该做一个好人，应该做一个文明的人，做一个有风度的人，做一个举止都恰当的人。儒家的命运也是很有意思的，它曾经成为主流，因为所有的皇帝都学儒家，所有的皇帝都请老师教儒学，皇帝隔一两年、两三年还要带头写一篇论文，学习儒家的论文，包括清朝的少数民族的皇帝也是这样的。

到了宋朝和明朝就发展成了理学，这理学在国外都翻译成新儒学。虽然儒学在不断地发展，但同时也不断地有对儒学的批评和怀疑。比如说李白就对儒学抱一个有保留的态度，因为李白太智慧了，太聪明、太厉害了。他说"鲁叟谈五经，白发死章句"，就是鲁国，孔子的家乡，现在的山东泰山那一带。他说那里的老头，给你讲诗书礼乐，头发都白了，还在那抠字眼儿。因为中国这个汉字很麻烦，古代的念法和现在有的一样，有的又有稀奇古怪的讲法，所以他说抠哧抠哧抠字眼头发就白了，但"问以经济策，茫如坠烟雾"，你要问他一点治国平天下的事，经济在这里指的不是我们现在说的经济，不是 economy。这经济它实际上讲的叫经国济世，经国，就是管理国家，经营这个国家，济就是帮助这个社会，就是治理国家与帮助社会。他说鲁叟整天就在那抠字眼儿的，你真正问他点儿治国平天下的事，他就茫茫然说不清楚，就跟掉到雾里一样。

那么后来到了《红楼梦》里，更是全面地表现出儒学的这个危机。鲁迅也在他的作品里对儒学说出一些批评的话来，这是因为 1840 年鸦片战争以后，中国碰到了那么多的问题。这个时候你让孔子负责，这实际上是不公平的。孔子只能说他的愿望、他的道理，他不可能替你预见到两千五百年以后中国会碰到什么麻烦，清朝会碰到什么麻烦。

所以现在的关键就是儒学在今天还有没有意义？我现在说仍然是有意义的，而且现在还活在我们的头脑里。比如我们强调精神文明，这个和孔子当年的思想是一样的。孔子说过，你不修养自己的德性，你不提倡好好地学习，听到正确的东西你不为之所动，你听到不好的事情，你又自己不去先改自己身上不好的东西，这是我最忧愁的事情。这和我们今天一直强调物质文明、精神文明两手抓，强调改变社会的风气，从严治党一系列的说法，在思想精神上是一致的。我们到现在也还是重视德，我们在人员的使用、官员的选拔上也是强调德才兼备，以德为先。再比如说"又是一，又是多"，一应该代表多，多应该又有它的集中和统一。这个我们今天也还是要讲的。包括我们说人民就是江山，是说你的政权也好，你的权力也好，靠的是人民性，靠的是合道性，符合天道、符合人民的愿望。

（三）"两创"路径之二：中华优秀传统文化 与马克思主义

王学典：我很赞同您对儒学的上述概括。经过我们的讨论，我想我们可以达成儒学能够超脱古代中国的帝制时代，为中国式现代化提供助益的共识吧？哈哈。经过与您的交流，我也有一些新的想法，供您批评。

在我看来，中华优秀传统文化与中国式现代化的结合，是中华优秀传统文化创造性转化与创新性发展的可行性路径之一，那么路径之二则是中华优秀传统文化与马克思主义的结合。

首先，有个重要问题要明确，我认为在讨论马克思主义与中华优秀传统文化相结合时，这个结合的对象必须具体化，中华优秀传统文化这是一个笼统的说法。那么马克思主义究竟是和中华优秀传统文化的哪一部分相结合？我认为马克思主义作为一种社会发展理论，它应该和另一种社会发展理论相结合，就是儒学的理论。所以我们通常说的马克思主义与中华优秀传统文化相结合，马克思主义和儒学相结合就是其中之一。

其次，马克思主义与中华优秀传统文化及儒学的结合，虽然作为主张来讲是近期明确提出来的，但绝不意味着在这之前马克思主义和中国传统文化没有发生联系，只是我们现在更自觉了。例如，在延安时期毛泽东同志就明确提出，我们要继承从孔夫子到孙中山的文化遗产，刘少奇在《论共产党员的修养》中也谈到儒学的独特价值。改革开放乃至进入新时代以来，马克思主义与儒学的结合又有一系列新的表现，这足以说明这个理论命题的生命力。

最重要的是，马克思主义和儒学有许多理念和价值追求都是相通的。20 世纪初期，各种主义也都涌入中国，世界范围内其实自由主义更为强大，但中国为什么单单接受了马克思主义？中国人接受马克思主义，带有某种必然性。在我看来，马克思主义和儒学在价值理念上有深刻的相通之处，这是它能够迅速被中国人接受的主要原因。这个相通之处是一个非常值得深入探讨的问题，它有深刻的现实意义。

王　蒙：正如您提到的，中国传统文化——可以说以儒学为代表，而我也许更喜欢说儒学与佛道互补，它还与农民起义的一套思路互补。中华优秀传统文化与马克思主义有许多相通的地方。人口规模巨大的现代化，使我们选择的是一和多的辩证结合；全体人民共同富裕的现代化，是我们古代就做出选择了的，我们把仁义放在第一位，把天道放在第一位。天道的思想是很容易接近马克思主义的。

天道思想是什么意思呢？就是世界上的一切东西有一个永恒不变的最高大上的涵盖一切的一个道理、一个规律、一个逻辑，也是一个原生态，还是一个归宿的这样的一个存在。天道后来到了宋明，就叫理学，就是万物都有它的理，是天理，天理是什么意思？不是人造的，是原生的，是客观的存在，是人的喜乐好恶之外的存在，这才是天理。天理还是一个永恒的存在，这个思路也特别有意思。

我们现代的哲学家冯友兰，他提出一个很有趣的道理，他说未有飞机之前，已有飞机之理。因为发明与使用飞机并没有多久，20世纪才有，此前没有，虽然人对怎么飞也有各种各样的幻想。但是飞机之理呢？就是理论上飞机为什么能够存在？能够升天，能够飞行，能够拐弯儿，能够选择路线，还能降落，所有的这一切都有它的物理学的根据。它有力学的根据，有牛顿力学的根据，有空气动力学的根据，有材料力学的根据，有流体力学的根据。也许对于唯物主义者来说，不完全认同他这个说法。因为这里有一个先有鸡还是先有蛋的问题。你说这个理先于物存在了，没有物质的存在，那个理它是从哪儿来的呢？没有地球引力、空气浮力、石块、鸡毛、万物的存在，怎么可能会有牛顿或者后牛顿力学？你说这个物质尤其是新发明的东西出现了，没有那个原理在，你怎么可能发明呢？因此一个物质与道理谁在先的问题，恰似是一个鸡和蛋的问题，我们不必在这儿陷入诡辩。

但是在某种意义上，天道到了我们今天，到了中国共产党的语言上，就是马克思主义的一种说法，叫历史发展规律。就是我们做什么事情并不任性，不是主观随意的，历史的发展规律是不能违背的。

世界大同，这更是一种共产主义理想。全世界能不分贫富，不分远近，不分亲疏，能够结成人类命运共同体，这也是有它非常重要的道理的。包括人与自然的和谐共生，不要以为中国没有这种思想。中国对环境问题的注意，对生态问题的关注等具体体现，这个是后来的事，是现代的事。但是类似的思想早就有，因为孔子曾经提出过在这个渔猎上的两个原则。第一，就是春天的时候，不可以用网眼太小的渔网捕鱼，你要让鱼生长起来。你不能杀鸡取卵，你春天的时候小鱼全吃光了，底下就没有鱼可长了。第二，夜间不准抓鸟。夜间都要睡觉，既然人睡觉鸟睡觉，鸟你让它睡着了，睡醒过来以后，你在需要抓的时候再抓几个。

孔子当时讲这句话并没有说是为了保护环境，但是它表达的是孔子的大仁大义。有博大的爱，爱的胸怀。也可以同样地用来解释我们今天对环境保护，对生态平衡的理解。我们对生态平衡的理解，对环境的保护，对动物的爱护，对植物的爱护，对稀有品种的爱护，也表达了我们对世界的大爱，对大自然的敬爱，对我们人类自身的一种道德的观念。相反地，一个任意的屠杀折磨，或者是损害动植物生命的表现，是我们所不取的。这是非常现代的文明观。

王学典：确实是如此！您讲的马克思主义与儒家都崇尚大同，这是确信无疑的。科学社会主义是马克思主义理论体系的核心，代表着无产阶级重建社会秩序的理想和追求，即建立一种人们共同占有社会资源、共同劳动、共同分享劳动成果的人类社会新秩序。科学社会主义与中国儒家学派提出的"大同"学说有不少相通之处。早在 1926 年，郭沫若就曾在《马克思进文庙》一文中通过虚构马克思与孔子之间的对话，通俗地阐释了二者的近似之处。

不仅如此，马克思主义还把满足人的需要作为经济发展的出发点，强调人的自由而全面的发展是未来社会的重要特征和价值目标，提出了关于分配与公正的理论，强调促进社会公平正义。儒家特别欣赏井田制、均田制、占田制、课田制，别管哪种田制，儒家对所有田制的基本要求就是人人都有饭吃，绝不主张大鱼吃小鱼，小鱼吃小虾的市场经济，反对形成恶性竞争。儒家有所谓的"富贵于我如浮云"，但对富贵也有自己的追求，君子爱财，取之有道，富贵要通过正当途径。孔子的学生子贡是个成功的商人，不妨碍他成为孔子最欣赏的学生之一。儒家给所有的经济活动、利益追逐设置一个伦理界限。可以追求利益，但必须在这个界限之内。儒家最高的理想是井田制，孟子对井田制是什么样的经济都有规定，他的理想是让老百姓不饥不寒。杜甫有儒家那种情怀，对所谓的"朱门酒肉臭，路有冻死骨"有着强烈的排斥或者是反感，所以我觉得儒家带有一种道德理想主义，最后能不能实现另说。在这一点上儒家是与马克思主义对经济发展的设想相通的。

这里实际上就进一步牵扯到儒学和马克思主义的关系，如何处理这一重大课题？我也确实感受到一些研究儒学的朋友和同事，他们在推动儒学复兴的同时，有人主张把儒学与马克思主义平等对待，甚至更强调儒学。我个人不赞成在倡导儒学的同时轻视马克思主义。在这个大过渡时代，把握当前社会转型、把握这个大过渡时代的最好的理论工具、最好的分析工具是马克思主义。在此试举一例，马克思当年说过一句话，当然他是引用别人的话：资本来到世间，每个毛孔都滴着血和肮脏的东西。现在到处都是资本的狂欢、资本的盛宴、资本的凯歌行进，每天都是他们的欢呼。原来被我们看作是十分抽象的资本就在我们生活中间，每天都在发挥作用，而且发挥最大的作用。我们到处都看到资本的作用，在资本凯歌行进，在我们的社会扮演最重要的角色、我们进入资本黄金时代的同时，我们更应该重视马克思的《资本论》。我上研究生的时候专门选修《资本论》，是经济系开设的一门选修课，我从头听到尾。在资本每天都在我们身边扮演重要角色的时候，马克思的《资本论》对我们理解资本现象、认识世界经济发展规律有重要启发。

我有一个看法，马克思的学说最能解释我们目前的大过渡时代。因为马克思的落脚点是要解释从资本主义到社会主义的过渡，他为了解释资本主义的暂时性，又不得不重点探讨从农耕社会到工商社会的转型，《资本论》就是代表作之一。当然马克思主义学说也是需要发展的，僵化的马克思主义也可能有一些问题。但在我个人看来，马克思的学说或者说马克思主义是分析我们身在其中的这个大过渡、大转型时代的最好的理论工具、分析工具，最好的理论框架。什么自由主义的各种流派，统统都不能解释这个过渡时代，它们只能解释这个大过渡完成之后，像美国这种比较稳定的典型的自由主义国家，但是它恰好不能解释这个过渡时代。对于他们身处其中的自由主义占主流的生活方式，它是怎么样运转的，自由主义可以解释，但是从农耕社会到资本主义社会的过渡、到自由主义的生活方式的产生，它是怎么样在封建社会的母体之内一步步地孕育出来的，自由主义理论不能解释，恰好只有马克思主义才能解释。

马克思说，从封建生产向资本主义生产的发展，是以剥夺小生产者为前提的，这种剥夺的基础、这种发展的基础是以对农民的剥夺为前提的，这种剥夺目前只有在英国完成了，而西欧各国正在经历英国已经完成的过程。马克思在谈到俄国的时候，说假如俄国想要按照西欧各国的先例来发展的话，它除了把农民变成无产者之外，再也没有其他更好的办法。所以马克思、恩格斯都强调，在资本主义社会中市场出现的条件之一，是必须有一大批一无所有、一点生产资料都没有的、除了出卖劳动力之外没有其他东西可以出卖的那样一批无产者。英国在资本主义发展过程中对农民的剥夺是通过羊吃人的圈地运动来完成的。我国尚处在社会主义初级阶段，在推动农村城镇化发展过程中，就要坚决警惕、克服资本主义社会发展过程中产生的种种弊端。我认为马克思主义是我们目前这个社会特别是理论界不可缺少的一个分析工具。这绝对不是政治表态，这是本人学术研究经历的感受。我也读过哈耶克这些人的东西，感觉这些东西用来解释中国都不行，都有各种各样的问题。

目前在对待儒学问题上所存在的两头热中间冷的问题，它的本质是如何处理马克思主义与儒学的关系的问题。这个问题在20世纪90年代就出现了，现在越来越严重，历史学界的一位老前辈、老先生在党的十八大之前就发表了好几篇文章，话说得很重，他说不能儒化中国，也不能儒化马克思主义。恰好我们现在的理论界一部分人要做的工作，是把马克思主义和中国的实践、和中国的经验相结合，同时把马克思主义和以儒学为代表的中国文化相结合。这在理论界分歧比较大，有人甚至痛心疾首。直到今天，这个问题怎么平衡仍然是个巨大的问题。但是我实事求是地说，儒学热的出现、国学热的出现、传统文化的复兴在一部分人那里，确实带有对话主流意识形态的考虑，不然不会这么热，有一部分人很坚决。当然我们绝对不能怀疑这些人是否爱国、爱民族，相反，他们是从整个中华民族的高度来考虑我们当前所碰到的困境。

儒学天下为公、讲信修睦的社会追求与共产主义、社会主义的理想信念相通，民为邦本、为政以德的治理思想与人民至上的政治观念相融，革故鼎新、自强不息的担当与共产党人的革命精神相合。所以当下的主流声音是提倡马克思主义与儒学的相通性与契合性。

王　蒙：马克思主义与儒学，基本上都是性善论，马克思主义与儒学都对社会发展有崇高理想。从儒学与传统文化方面看，我们现在极其注意中国的传统文化，习近平总书记称之为中华民族的根与魂。这个根与魂不仅在长城、运河、兵马俑、马王堆、三星堆……遗址遗物遗产和博大精深、充满智慧的典籍之中，更是积淀存活展示在我们的人民、我们的生活、我们的思想方法与论辩格式、价值认知模式、我们的舆论的自然走向中。有些文化传统、有些文明观念已经成为我们的本能，成为我们自然而然地对于万事万象万有的反应。

　　顺便说一下，老子讲"失道而后德，失德而后仁，失仁而后义，失义而后礼。夫礼者，忠信之薄而乱之首"。他企图以天道哲学的高大上取消德仁义礼的讲究计较，但他终究承认"天道无亲，常与善人"。

　　应该说我们注意道德，尤其注意具有公权力为官者的道德品质道德修养，直至今日，我们认为选拔干部必须德为优先。我们是强调才能的，历史记载与文学作品中有不少天才、人才、惜才、怜才的故事。"众人皆欲杀，吾意独怜才"，杜甫咏李白的这两句诗反映了中国几千年的爱才观。曹丕与曹植兄弟在王权争嫡、本来血腥气味极浓的斗争中，部分地由于曹植的才，他保住了自己的命。而到了唐初，玄武门之变应该使人们回想曹魏时代的故事而后怕心惊。

　　而谈到才与德的问题，中华传统是绝对不宽容有才无德的人物。什么李斯、蔡京，直到现当代的汪精卫、周佛海。民间说法是，有德无才是半成品，无德无才是废品，无德有才是危险品。这一判断标准对于在马克思主义理论指导下培养我们的干部，也有一定的参照作用。

谈到这里，谈到这个问题，更要谈一谈我们的传统文化以及儒学的现代化问题。中华文化传统源远流长，内涵丰富，经历曲折起伏，屡遭考验挑战，终于获得了新创造、新生命、新时代化与新机遇。我们正在中国特色社会主义现代化即中国式现代化的历史进程中，实现马克思主义的本土化，也是实现传统文化、传统儒学的创造性转化与创新性发展的重要路径。

文化创新、理论创新、制度创新，是觉醒年代即一百多年前，中国共产党建立的前提与昭示。中国共产党的建立，靠的是马克思主义、苏联范例；靠的是来自传统文化的天下为公、世界大同、替天行道、得民心者得天下，老吾老以及人之老、幼吾幼以及人之幼，兴亡有责、舍我其谁，穷则变、变则通、通则久，苟日新、日日新、又日新，成仁取义的中华传统变革精神、牺牲精神、知其不可而为之的奉献精神；靠的是意识形态与文化软实力，当时武备财产、国家机器硬实力基本上在帝国主义、封建主义、官僚资本主义、反动派手里。支持中共的苏联，有一点有限的硬实力。

传统经典的革命精神、大同精神与家国担当意识，有利于马克思主义在中国大得人心，有利于中国工人阶级与其知识分子觉悟历史使命。

构建人类命运共同体的精神，强调中国传统、中国特色，推进全球化与改革开放的大趋势，吸收与消化人类的一切先进文化成果，是民族振兴中国梦的题中之义。我们的民族振兴包括了民族文化的振兴，而民族文化的自信与创新，是实现中国梦的一个根本性驱动力。中国共产党人继承了优秀传统文化的浩然正气，继承了见贤思齐、见不贤而内自省的文化自省与文化自信精神。

因而没有积累就没有传统，没有传统就没有文化，没有文化就没有凝聚力；没有爱国主义、中国特色，就没有主心骨，没有主心骨就没有自信与定力。所以，习近平总书记指出：文化自信，是更基础、更广泛、更深厚的自信。我们推广践行社会主义核心价值观，是对世道人心的一种匡正和建设，而关心世道人心，正是儒家文化的精神走向。孔子说，"德之不修，学之不讲，闻义不能徙，不善不能改，是吾忧也"。孔子之忧仍然是两千五百年后的我们之忧。

中国的马克思主义者珍惜中国传统文化，弘扬与创造性地转变发展着新时代中国的传统文化的认知与革新致用。而传统文化的创造性转化与创新性发展同样需要马克思主义中国化时代化最新成果的理论引导。

 王学典：正如您所讲的，中华优秀传统文化及儒学与马克思主义有许多相通的、相契合的地方。王先生，我认为马克思主义与儒学的相契合主要表现在以下几个方面。

首先，在总体理想上，马克思主义的主张是共产主义，儒家的主张是大同。两者是一致的。像《礼记·礼运》中提到的"人不独亲其亲，不独子其子，使老有所终，壮有所用，幼有所长，鳏寡孤独废疾者皆有所养，男有分，女有归……是故谋闭而不兴，盗窃乱贼而不作，故外户而不闭。是谓大同"，这和当初对共产主义"没有剥削、没有压迫、人人平等"的理解，是完全一致的。这也就能理解，20世纪初国人为何会用"大同"来翻译共产主义，把后者理解成一个大同世界。因此，在对未来社会的设计上，孔子和马克思有高度一致的地方。越是熟读中国文献，越能感受到

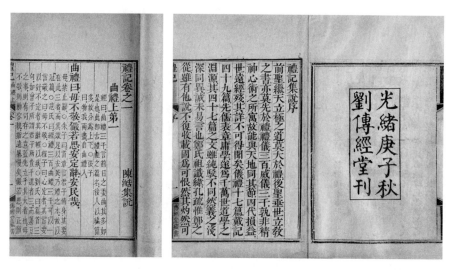

元代陈澔《礼记集说》书影

和马克思主义的契合之处。

其次，马克思主义和儒学都主张道义经济。资本主义是唯利是图的，但中国古代就不是这样。孟子见梁惠王第一句话就是"王何必曰利？亦有仁义而已矣"，你干嘛和我谈利，你怎么不和我谈仁义呢。但孟子也不是有义无利，他认为逐利是小民的行为，而在国家治理层面，要给这种逐利行为设置一种道德限制和边界，也就是义。他们主张的是义利平衡，包括像"君子爱财，取之有道"这类理念。因此，儒家对经济活动的理解，是一种道义经济。而马克思之所以会使用"剥削""剩余价值"等概念，也是基于一种道义经济。

第三，马克思主义和儒学，都格外强调实践，强调知行合一。儒家特别讲做人，讲人格感召力，要做君子，追求圣人的境界。像自由主义者就比较随便，可以任意做想做的事情；而如果一个儒家做乱七八糟的事情，就会被人戳脊梁骨，这两家就不一样。而马克思说得很清楚，他的理论不是用来解释世界，是要用来改造世界的。列宁也说，一打纲领不如一个实际行动。以及后来的，实践是检验真理的唯一标准。现在为什么王阳明特别受推崇？我早就开始思考这个问题了。我发现中国历史上有两个人在现在格外受推崇，一个是王阳明，一个是曾国藩。他俩的共同点就是：既能做人，又能成就事功；既能修身，又能平天下。

第四，马克思主义和儒学都强调辩证法。庞朴先生写过一本书叫《儒家辩证法研究》，从一个事物到另一个事物的转化，像"物极必反"这一类的概念，还有吉凶祸福的无常，都非常具有辩证法的思维。而马克思的学说中，辩证法占了相当大的比重，因为马克思主义吸收了黑格尔辩证法的合理内核，而黑格尔是辩证法的推崇者。辩证精神也是马克思主义与儒学相通的地方。

这四个方面，构成了马克思主义和儒学这两大社会发展理论之间的同构关系。

中华优秀传统文化是个丰富的思想宝库，在儒学之外也有许多能够为我们的"中国式现代化"和"中华民族现代文明"建设提供智慧的方面。事实上，不管是作为地理概念的"中国"还是作为文明概念的"中国"，都必须经过漫长的历史发展阶段，而不是能够凭空创造出来的。中国传统文化中的智慧，除了我们谈到的这些之外，还有许多有待发掘。

王　蒙：我借这个机会，顺便说一下，就是道家也有与马克思主义相通的地方。在这一点上您可能关注的不是太多。道家最强调保命，庄子就主张保命，这也是一个很麻烦的问题。因为庄子在某种意义上跟老子不完全一样，庄子有一半是文学家，老子确实是哲学家。

我随便举几方面的例子，第一，替天行道，这是从老子那来的。老子说"天之道，其犹张弓欤？"天之道就像拉弓，哪个地方劲大了就小一点，哪个地方拉得太弯了就放松一下，这就叫作"损有余而补不足"。人之道则相反，是"损不足以奉有余"，就是你越是弱势，你越要受压迫受剥削。而天之道呢，是从强势的身上刮一点东西下来，来帮助弱者。所以农民起义的口号都是替天行道，替天行道就是惩强扶弱、杀富济贫、开仓放粮。简单地说，老子是主张造反有理的。

老子更明确地说，"民之饥，以其上食税之多，是以饥"。百姓的饥饿，是因为赋税太重，政府从老百姓那里挤出来的油太多了，所以老百姓非挨饿不可。"民之轻死，以其上求生之厚。"老百姓都不想活了，而统治者呢，你活得太滋润了，你活得太富裕了，你活得太高高在上了，那老百姓就不想活了。老子这个话就很厉害。

老子还说，他最理想的是"功成事遂，百姓皆谓我自然"。我自然就是，这是我自己干的，这也是最符合共产党主张的发动群众的结果是群众自己解放自己。这是刘少奇在党的七大报告上所讲的，就是要尊重老百姓的生活，老百姓的精神，老百姓的利益，让老百姓都能够为了自己的利益发挥创造性和积极性。

老子还说，"战胜，以丧礼处之"。老子反对战争，主张战争胜利以后应该举行丧礼，因为一场战争之后不知道要死多少人。当然他有针对性，不是指反侵略战争和革命战争（王学典：春秋无义战）。还有老子反对烦琐政治，矫情政治，主张精兵简政。他的主张我认为是有东方无政府主义的色彩，带有乌托邦的性质，所以主张无为。乌托邦呢，作为一种文化来说，乌托邦文化已经停止了。当然我们心里要明白，乌托邦调子太高了，反倒成不了理论了。所以老子也是能跟现代性相联系的。

 王学典：先生，对于这个问题我有一点不同意见。有些问题理解不同，向您请教。我也读过您写的解读老子、庄子的著作，您对老庄有深入的研究。刚才您也讲，老子的核心主张，是返璞归真，自然而然，无为，人不动万物皆自化。

但是我觉得问题是，老子包括庄子的思想是，他们从一开始就认为人类已经踏上了一条不归之路。老子是主张不发展，主张要返璞归真，人类像婴儿时期那样才最好。这怎么能行呢？人类的发展才是硬道理，像您说的，不发展不行，发展中出现的问题得用发展来解决。

但老子不主张这个，老子主张返璞归真，主张老死不相往来，就是强调一个自然状态。老子主张纯粹的自然演化，不需要人为干预和推动。人为的干预和推动，他认为都是有问题的。如果按照老子的设想，今天的人类社会形态，全部都是错误。

我们现在的发展，是道高一尺，魔高一丈；道高一丈，魔高十丈，然后逐渐发展到现在。你有核武器，我会用更大的武器来制约核武器。所以今天的人类是发展主义，我认为老子是不主张发展的。他早就认为人类已经踏上了不归之路，没有前途。那我们怎么能崇拜他呢？

王　蒙：对，这个理解没有问题。老子有一些是空想。老子呢，有可能我们无法想象他是什么样的人。但是，起码老子立论的时候，也是语不惊人死不休的，他喜欢逆向思维。你们大家越说这个我越往反面来说，强调的是事情的另一面。

但是我觉得中国的知识分子和士人，是可以追求儒道互补的。当有机会为社会、为权力、为执政系统或者是为什么样的政治追求努力的时候，应该是勇于尽自己的力量，甚至于是知其不可而为之。但是，你在尽自己力量的同时，你越要明白什么时候该放手。有个词叫放手，放手就是让万物自化，而不是人工的过分干预。

老子还是一个有意义的存在。道家是一个早熟的文化，就是他有一种文化批判主义立场。就是比如我们都强调文化、文化、文化，但是他反过来提出一个问题，没有文化的日子就过得不好吗？没有文化的时候，比你把文化弄歪了的时候，活得还好。这个警告很好玩。因为对于一个守寡的寡妇来说，那个封建文化毁灭了她的一生。

所以老子认为还是要有一个体系，文化一定要和自然的本性、和人的本性相结合。从这一点来说，老子还是有可取之处的。但是我不是道家的，也不是信道教，我一辈子从来是有为的人，不是没有为的人。但是我吸纳的是有所不为，起码我知道不去妄为，不去妄言。所以这方面还是有参考的价值。诸子百家，古今中外，择其有用者而用之，择其可参考者而参考之，即可。

王学典：王先生，我丝毫不否认老庄带来的智慧和告诫。我读老庄，就是在精神比较苦闷的时期，我在80年代是热血青年，当时非常热血，到现在我也认为我比一般青年学生的血都热。但是那时候我读老庄，却帮我度过了一个精神危机。当突然间这个社会发生了变化，发生了巨变，原来的追求都有问题了，怎么安抚自己那个躁动的心？就是靠读老庄。

我那时候读老庄得到一个结论，就是中国传统社会的腐败，到老庄时期已经达到极端的程度——到处都是陷阱，到处都是污浊的社会，到处都是让你感到不安全的一个环境。所以老子的告诫，就是如何在一个污浊的社会，能安全地生存下来。如果我们有这个愿望，就去读老子，去读庄子。就是在一个污浊的社会当中，在一个尔虞我诈的社会当中，我如何能够保全自己，全身而退，这就是《南华经》的智慧。老庄的智慧到现在无人能及。

但是，我不欣赏他们的主张。老子最后不知所踪，那是什么意思呢？老子最后很可能跑到深山老林去了。就是他面对一个很腐败的社会，很恶劣的社会，他自己又不能拯救，怎么办呢？我逃避吧，我自己到深山老林去吧。所以这预示了道教的产生，所有的道教场所，都修在深山老林里面，自然环境最好的地方。这是为什么呢？当这个社会腐败的时候，我感觉我不能拯救这个社会的时候，我干脆就逃避。所以道家，特别是道教，是逃避社会，逃避责任，逃避使命感。

王先生，所以我感觉这是儒家和道家一个最大的差别。马克思主义之

（明）丁云鹏：《三教图》

此图画孔子、老子、红衣罗汉坐于树下共同探究玄理的情景。画中三位智慧长者面目严肃，深情专注，孔子儒雅敦厚；老子注视着对方；红衣罗汉双目低垂，安详而平静。

事实上这种场面是从来不曾存在的，画家不过是凭借手中画笔，表达了自己对佛、道思想的膜拜以及对儒家学说的尊崇。

明代，随着儒、道、释三教融合，宗教题材的绘画也随之有了世俗化的倾向，此画中宗教人物脱离了程式化的因素，体现了明后期文人画注重表现个性的风尚。

所以能够在中国适合成长，就是中国精英普遍抱有儒家的思想。而儒家思想是什么？是挺身而出，杀身成仁，舍生取义，改造这个不合理的社会，推翻这个不合理的制度。所以儒家就产生了一系列的责任感、使命感，拯救社会的那一套理想都产生了。

所以我个人认为，马克思、恩格斯和孔子、孟子都有同样的抱负——拯救社会，改造这个社会。而老子、庄子都不这样，他们看破了这个社会，他们认为这个社会不可救药。怎么办呢？逃吧。老庄道家和儒家的最大差别是使命感，是使命感的有无，责任感的有无，改造社会的抱负的有无。所以马克思、恩格斯也要改造这个世界，主张共产党人不能只是认识世界，还要改造世界，挺身而出。这和孔子、孟子周游列国的追求，具有同样的抱负，具有同样的情怀，具有救世情怀、救世情结。在这一点上，老子、庄子都没有，但是，我丝毫不排斥老庄的智慧。

王　蒙：确实不应该忽略责任感、使命感。尤其是在社会上有点身份的人，确实就应该像儒家所说，在社会上要有作为，要作表率；作为执行者，要是一个负责任的人，要有所贡献。

但是道家呢，除了逃避以外，还有纠正的意思。对烦琐的纠正，对烦琐的教化，对违背自然规律的、实际上是对缘木求鱼的那些计谋、手段的纠正。一般认为，庄子比老子更消极，老子同样还有王者师的一面；而庄子也并不是非常消极，《庄子》里有些故事非常具有辩证法精神。这和道教不一样（王学典：道教发展了老庄的消极部分），和山东的儒家不一样。老子、庄子是在河南、安徽一带。庄子是主张相辅相成、相反相成的。惠施去世后庄子很痛苦，因为他认为没有人同我抬杠了，没有人向我挑战了。我觉得就像那个杂技，这边脑袋上放一个什么东西，那边有个人拿了一个鞭子，"啪"打掉了头上的东西。这和美国自由射手剧情是一样的，有个西方的故事，是脑袋上搁一个苹果，然后另一边有人射箭，一箭把苹果射中了，那个人是用脑袋接着苹果的。

《庄子》里有更精彩的。我看到古代书里强调知识产权的，只有一个人物，就是庄子。庄子说，大道理有大用，小道理有小用。小人不懂得这个大道理，只能小用。什么意思呢？就是说吴国有洗衣妇，洗衣妇她们有秘方。这个洗衣妇去河里洗衣服，手就会皲裂，就洗不下去了。用了那个秘方，涂在手上就可以保护手不受伤，冬天还可以继续洗的。对于吴国的这一群洗衣妇来说，这个制药的人他根据秘方造出这个药来，就是让你洗衣服挣些钱。

可是这个时候，来了一个聪明的人，他发现这个秘方很好，就用百金买了这个秘方，买了这个知识产权。他把这个知识产权献给吴王，吴王把它用在对越国的战争上。越国水多，吴国水不多，两国在进行水战的过程中，吴国士兵小腿、胳膊都没有皲裂，战争取得胜利。献秘方的人，他后来被吴王裂土封侯。所以你要会用知识产权，你可以裂土封侯；你不会用知识产权，只能坚持冬天在河边洗衣服。这也是智慧。

您刚才说老庄的三观，道家的三观，确实是这样。但是一切可以吸取的东西，都可以用取舍的态度面对它。

王学典: 是的,王先生,道家主张无为,这有它的价值。曾经有位邻居找我聊天。有一次跟我说,我知道你是共产党员,我一辈子没入党,他说你们共产党想法很多,老是一个又一个的想法。那么我这个题外话是想说明一个什么问题呢? 这就是老子说的,"治大国若烹小鲜"。确实是这样,这也就是小平同志说的不能折腾。所以我们去年(2023)专门办了一个会,把全国研究儒家和道家的专家都请来,会议叫"儒道互补与国家治理"。我们既坚持有为政府,就是我们政府必须积极作为,必须发挥政府的主导作用;但是也主张不能折腾。尤其是一个大国的折腾,这个太可怕了,后果太严重。

所以在这个时期,老子的某些主张,对我们来说是一个积极的清醒剂,使我们脑子能清醒下来。所以我觉得刚才王先生解释的这些内容,我是完全赞同的。甚至在一段时间之内,按照老子的办法休养生息一段时间,我觉得没什么坏处。按照汉代初年的办法,休养生息,让民间自我酝酿、自我成熟、自我成长,这没什么坏处。

王　蒙: 大部分古书,今天读起来,不一定三观正确。《红楼梦》里标榜的色空观,比老庄还不正确,但是它的意义远远超出了它说出来的三观。老庄里的可取之处多了去啦,我们可以取其可取,弃其应弃,该鼓掌的地方鼓掌,该摇头的时候摇头,没有问题。

我以为，孔子的出发点是仁的"天命之谓性"，是修齐治平的统一性与天下性，天下归仁才有教化与治理性。从某种意义上说，孔子的思想偏于文化理想主义，孔子的一生未必是很成功的政治家，却更像追求实践理想而不甚如愿的文化学家，总之他就是圣人，"夫子何为者，栖栖一代中"（李隆基句）。其原因与您讲的孔子重视的使命感，以及既需要权力的支持又有某种客卿的自重与自律感有关。

而老子则走的是大道涵盖一切，是广成子"人皇帝师"，给黄帝讲道的思路。那是靠哲学治平，是靠拢柏拉图的理想国，宣扬天道治国，无为而治的理想性。也就是说，教授，我觉得中国的这家那派，有时候是互相掺和的。甚至于，我要说，如果在古代出将入相，官命在身，您一定要注意学习儒家；万一只是吴承恩、蒲松龄的命呢，多学学道家佛家甚至孙猴子狐狸精啥的，也不失为一种平衡平稳，甚至是取得稀世大成就之道。

三、中国式现代化与建设中华民族现代文明

王学典：先生您对包括道家在内的中华优秀传统文化的理解很深刻，您融合了儒道思想。接下来呢，我想我们应该进一步明确的是一些基本原则，比如我们知道，在文化的发展演化中，有不变的成分，也有变化的成分。不变的是其根本特质、核心价值、精神标识，变化的是这些根本特质、核心价值、精神标识在不同时代条件下的具体内容和表现形式。

文化的变与不变，要求我们在文化传承发展中坚持"守正创新"的原则。"守正"就是在马克思主义的指导下，立足文化主体性，坚守住超越时代、永不褪色的中华民族文化精髓。"创新"则包括两方面内容，一方面是结合新的实践和时代要求进行正确取舍，有鉴别的对待、有扬弃的继承，及时剔除陈旧过时或已成为糟粕性的东西；另一方面就是要创造新思路、新话语、新机制、新形式，努力推进中华优秀传统文化的创造性转化和创新性发展。

（一）中华优秀传统文化的更新与中国式现代化

 王　蒙： 变与不变的辩证，的确是可以作为一个原则的。时代变了，传统文化当然也要更新。

我们讨论传统文化，那么文化怎么理解？文化有各种的说法，百科全书上说世界对文化的著名定义有 200 多种。但是我愿意用一个最中国化的说法来讲它，就是邓小平同志讲的摸着石头过河。人类的历史是摸着石头过河的历史，文化的历史是摸着石头过河的历史，中国的现代化也是摸着石头过河的历史，是从更早就开始了，不管是戊戌变法，是洋务派，是李鸿章还是张之洞都是摸着石头过河的历史。那些石头就是我们的文化，底下的人走过来就知道哪个地方有石头，哪个地方你可以靠住它，哪个地方不要去，到了那儿以后，就会淹死的；而到另外一个地方，会被水生动物攻击，会把人咬死。人生就是一系列时间的长河。

中国共产党的历史，不管是革命的历史、建设的历史，还是改革开放的历史都有摸着石头过河的一面。我们现在出现了特别精彩的光辉的石头，我们给石头做了一个特别美好的命名，就叫作中国式的现代化。

王学典：中国式现代化就是一个新的命题，是一个具有深远现实意义的理论创新，是我们党在习近平新时代中国特色社会主义思想指导下开辟的新道路。我非常赞同您的判断，在这一意义上，中国式现代化道路确实是摸着石头过河。

那么中国式现代化道路的选择，中国走上现代化的道路，它和中国历史文化传统有什么关系？我们为什么只能走中国式现代化道路，只能搞中国式现代化，而不是搞其他的现代化？王先生，我们看到目前学界有一些对中国式现代化的解读，从政治、经济、文化各个方面讲得都比较充分，但是我感觉从传统对现代性的作用这个角度的解读还是不充分。我想就这个问题向先生您请教。

按照习近平总书记的说法，中国式现代化是赓续传统的现代化，而不是毁灭传统的现代化。这个命题带有无比深广的意义。而且它是一个世界级的学术命题、思想命题、理论命题，意义巨大。也就是说，中国式现代化道路是孕育新文明的丰沃土壤，中华文明的连续性、统一性、创造性、包容性与和平性特征成就了我们面向未来的文明自信，所以所谓文明冲突论只是对文明交流过程中的一个片面现象的描述，这一认识既不全面，也没办法指导人类文明发展，更不可能将人类社会引向健康的方向。作为古老文明的东方大国，我们应该怎么办呢？习近平总书记在文化传承发展座谈会上曾指出："中国式现代化赋予中华文明以现代力量，中华文明赋予中国式现代化以深厚底蕴。中国式现代化是赓续古老文明的现代化，而不是消灭古老文明的现代化；是从中华大地长出来的现代化，不是照搬照抄其他国家的现代化；是文明更新的结果，不是文明断裂的产物。中国式现代化是中华民族的旧邦新命，必将推动中华文明重焕荣光。"作为中华文明精神命脉的中华优秀传统文化，必将重新走上台前，正式成为中华民族伟大复兴和历史性飞跃的动力源泉。

那么什么是中国式现代化？这是我们首先要理解得比较清楚的。在我看来，现代化这个概念容易理解，理论界有它普遍的规定，这个歧义基本上不大，关键是中国式。那么中国式这样一个概念，我个人认为，可以从正面，也可以从反面，也可以从其他层面来界定。而在我看来，所谓中国式现代化，所谓中国式，就是在西方民主宪政之外的现代化，是另一种现代化。我们迄今为止所实现的现代化，或者已经完成现代化的国家，基本上是在西方民主宪政的背景之下、社会体制之下完成的。我们看所谓西方那七个最发达的国家，七国集团，还有其他一些发达国家，无论七国还是其他发达国家，他们的现代化全部是在西方式民主宪政这个框架之内完成的。世界上现代化的国家，从目前来看，只有中国是在西方民主宪政框架之外，走出了一条独特的，不同于西方的一条现代化道路。当然也有人可能会问，那么苏联是不是实现了现代化？当然是的，但苏联解体了。我们看今天的普京，无论他的权力集中到什么程度，俄罗斯还完全是在西方的民主框架之内实现现代化的。

所以中国共产党第二十次全国代表大会上的报告中有一个非常重要的理论上的贡献，就是从理论上，从思想上回答了一个长期以来，特别是中国成为第二大经济体以来，国内外普遍关心的一个尖锐问题。就是在西方的民主宪政之外，究竟有没有一条最后能走得通的中国道路？能够走得通的中国式的现代化道路？也就是说，在现代化道路的选择上，我们能否在

（宋）佚名：《十八学士图》（局部）

唐太宗留意儒学，开设文学馆，招纳选拔杜如晦、房玄龄、虞世南、褚亮、姚思廉、许敬宗等十八人为谋士，每日分三班轮值，探讨典籍，评论古今。后人绘"十八学士图"，以彰显礼贤之重。此类功臣形象被用来宣道载德，自有其政治教化意义。

欧美范式之外，缔造一个现代化的中国范式？我觉得我们党的二十大报告当中对中国式现代化道路做了一个很大篇幅的阐述，对这个问题给予了非常肯定的回答。

王　蒙：我也一直在思考这个问题。中国式现代化必须从中国近代以来的历史道路上去理解。

我认为二百年来，近现代以来，五四运动以来，中国共产党建党以来，中华人民共和国成立以来，新时期、新时代以来，我们不管是文化上，政治上，行动上，为政（古代叫为政）上，我自己的体悟就是，核心命题就是"中国式现代化"这六个字。

按我的思想方法，思考中国式现代化我首先想到的是《红楼梦》。我认为在某种意义上，《红楼梦》是对古老中国的一个反思，是一个告别曲，是一个送葬的预报，既有警告也有排练。在《红楼梦》中已经表现出来的政治危机、经济危机、文化危机，在鸦片战争以后一下子就在各个方面暴露出来了。比如在《红楼梦》描绘的大观园里头，能看到中国源远流长、博大精深的文化，在面对现实问题的时候，已经显出了尴尬和窘态。

鸦片战争以后，就出现了洋务派、国粹派、君主立宪派、戊戌变法，变法派与非变法派，洋务派与非洋务派的关系等，这些都失败了，也有一些历史教训；然后又出现了辛亥革命，孙中山的革命派和保皇派，变法派和非变法派的关系等；然后有五四运动，胡适是五四的名将，鲁迅、陈独秀也是五四的名将，他们各自之间也有矛盾，有时候有某种联合，有互相的支持和关照，有时候又变成了敌人；后来又有共产党，我们说的是"十

月革命一声炮响，送来了马列主义"，有人说"十月革命一声炮响"送来
的是列宁主义，还不是原汁原味的马克思主义。

　　共产党实际是追求社会主义的现代化。但是社会主义的现代化，对于
有些人来说是苏联式的现代化。王明、博古、张闻天，在某些时候也包
括李立三，李立三可能更中国化一点。那么鲁迅呢，既是坚决支持革命
的，同时鲁迅又对革命不抱一种天真的幻想，他对革命的想法没有发挥表
露出来，但是鲁迅是能预见到一些的。他尤其是警告所谓革命文学的这些
作家，说不要认为革命会对你们多感恩、多优待，并警告他们，千万别那
么想。

　　毛泽东思想的胜利，是对王明（主张）的苏式的现代化和胡适（主张）
的美式的现代化的一个胜利。简单地说，胡适的现代化和王明的现代化，
都不是中国式的现代化。中国式的现代化本身这是一个非常辩证的提法。
因为中国的现代化呢，是因为不现代化，还尚未现代化，是前现代化，或
者是刚刚现代化，你才需要强调现代化。但是，现代化如果脱离了中国的
传统，就变成了一个不得人心的现代化，充满认同危机的现代化，巴列维
伊朗式的现代化。是有这个危险的。

　　现在我就想明白了，拒绝现代化，就是自愿被开除球籍；拒绝中国的
传统，就是自绝于中国人民。所以说中国的传统载体就是中国人民，载体
就是中华民族的存在，载体就是中华民族的现代化。因为只有现代化，你
这个传承才能传下去。你如果永远古典化，那就是博物馆化；如果博物馆
化了，即使文物一件可以值一百亿、一万亿美元，但是这个文化就不存在
了，这个太痛苦了，太可怕了。就仅仅为这样一个预测，王国维都不想活
了，想到中国的文化要灭亡，他非死不可。所以要中国式的现代化。

第三世界的现代化，曾经是、必然是一个复杂与艰难的过程，西方的主流思潮希望出现一种能够定型发展中国家意识形态与社会制度的西方化。而左翼思潮、民族主义、工联主义、人道主义、文化多元主义、伊斯兰主义、后现代思潮……各种流派都有对现代性的批评与质疑。一个重要的问题是，"现代化"会不会变成"他者化"？现代性会不会淘汰至少是挤兑传统文化的主体性、主动性与生命力？其中最突出的对现代化的抨击是，认为现代化导致全球化、西方化，会引发发展中国家的认同危机，会使第三世界国家丧失身份和传统，会成为略显柔性、未改本质的压迫和剥削弱势不发达国家的新殖民主义。

而对于中国的现代化与世界经济贸易关系的全球化，中国共产党人的态度是义无反顾的。1949 年中华人民共和国成立以来，我们的社会主义现代化发展，已经创造了国家全新的历史条件与历史动向。这表明了在走向发展与现代化道路的时候，中国的态度是坚决与勇敢的，是善于学习和创造的，善于消化与结合本国优良的"苟日新，日日新，又日新"的传统，是能够保持清醒与智慧的。中国共产党与中华人民共和国是能够面对与克服现代化带来的认同危机，带来的社会矛盾、贫富差距、众声喧哗、政治的不稳定状态的。尤其是改革开放四十多年来，中国能够在急剧发展的同时，保持稳定，保持传统，同时实现传统文化、传统儒学创造性的转化与创新性的发展。

王学典：对中国式现代化的理解，王先生从《红楼梦》谈起。我完全赞成。您谈到了，《红楼梦》中荣宁二府的衰落，到最后竟然找不到任何一个人能够支撑荣宁二府、中兴荣宁二府。所以《红楼梦》是一个巨大的隐喻，就是它隐喻了传统社会必然解体、必然灭亡的这样一个命运。它不是单单表现一个大家族的问题，背后有政治隐喻和作者对整个传统社会的思考。在这一点上，我同意王先生以《红楼梦》作为一个象征，作为一个隐喻，来看出中国必须走向现代化这样一种选择。

刚才王先生就谈到了五四运动。五四运动之后，中国式现代化就是各家各派共同的追求。这一点我们必须承认。就是只想搞苏式现代化的人，像王明，也是想搞现代化，也是认为传统已经不行了，中国不能再简单地延续清代的那个传统继续往下走。此外还有美式的现代化，像胡适。然后呢就是中国式现代化。也就是 20 世纪以来，五四运动之后，整个中国社会的最大的主题是现代化。这一点我们必须明白。

而且不管是改良主义者也好，革命主义者也好，或者是其他各派包括梁漱溟等，都是非常值得钦佩的。他们是在探索中国式现代化，或者是在探索不同于欧美式现代化的另外的道路。他们也在探索如何在承续传统当中，来实现中国式现代化。

另一方面，中国式现代化的实现，要赓续中华文脉，也要借鉴中华优秀传统文化守正创新的最新思想成果，也就是您谈到的中华优秀传统文化的创造性的转化与创新性的发展问题。

那么为什么在中国式现代化的过程中不能丢弃传统文化呢？在我看来，因为中华优秀传统文化是现代化进程、是上述一系列重建活动的最佳资源和最佳凭借。换句话说，中国式现代化要重建价值观、重建秩序追求，就得有凭借，得有抓手，得有资源，得有基础，得有足够的现成的东西供我使用。那么儒学为什么能承担这一使命？因为以儒学为代表的中华优秀传统文化本质上是一种人文主义，儒学本质上是一种以人生境界为本的学说，是一个教人如何做人的学问。所以，中华文化的复兴、儒学的复兴，在中国的语境当中是意味着与现代化的弊端，与那种物质主义、拜金主义、实用主义、消费主义、享乐主义告别，要走上另一条道路的，是要矫正现代化弊端的。这种强调儒学的思潮事实上是对维系了中华民族五千年发展的那种精神传统的唤醒。因为五千年的维系，五千年的发展，不是靠物质主义、拜金主义发展起来的，是靠另一种文化传统、人文性的精神传统发展起来的。

中华文化的现代化，准确来讲是传统文化的自我更新，是"传统文化的现代化"。毫无疑问，这也是对我们如何从事"两创"工作给出了新的方向。也就是说，所谓传统文化的"两创"，实质上是传统文化如何现代化的问题。

王　蒙：传统文化的现代化，这个说法极好！其实我们自从改革开放以来一直在探索传统文化现代化的路径，我也在学习思考。正如习近平总书记所说："中国人看待世界、看待社会、看待人生，有自己独特的价值体系。中国人独特而悠久的精神世界，让中国人具有很强的民族自信心，也培育了以爱国主义为核心的民族精神。"

中华文化有过的而且不能说至今已经全无忧患的危殆经验也令人深思：它长期在地缘区域内一枝独秀，缺少与不同文化交流碰撞中的突破与飞跃。在欧洲文艺复兴与产业革命发生后，中华文明的弱势开始出现，一且遭遇异质强势文化，容易出现或非理性的过激排外，或对自身的全盘否定，或对外来文化的简单照搬。再优秀的文化也怕停滞老化，那会导致断裂崩塌。晚清面对列强，进退失据，一筹莫展，它的教训是我们几代人都感同身受的。所以要对中华优秀传统文化进行创造性转化、创新性发展，转化和发展的目的是什么？就是实现中华优秀传统文化与现代文明的对接，实现中华文化对 20 世纪、21 世纪科学技术新成就的学习吸纳，如邓小平同志所说，科学技术是第一生产力。同时实现中华传统道德理想、文化理想与现代民主、法制、理性、文明追求的对接，叫作"民，吾同胞；物，吾与也""视天下无一物非我"（语出张载），这样就能逐步落实人类命运共同体的认知与构建，实现中华文化的进一步现代化与马克思主义的进一步中国化、时代化、大众化。

中国式现代化的很大的一个意义，就是我们能够认真传承创新中华优秀文化，传承中华文化有生命力的部分，传承中华文化的仍然在人性中活跃的部分。不管你会多少外国文，不管你吸收了多少外国的人工智能也好，电力与发电、无线电技术，还是各种技术也好，都仍有中国文化的灵魂在那里。

习近平总书记非常重视构建现代文明，强调大变化，强调新质发展，提倡传统不是回到孔子时代。我们越学习传统，越要找到最有效的方式，使中国得到进步，实现真正的现代化。

王学典：您也谈到了中华优秀传统文化现代化的命题，这个问题非常重要。那么传统文化如何现代化？王先生，我们都知道，这是 20 世纪 80 年代提出的命题。80 年代像我这辈人还在上学的时候，面对的就是这个问题。也就是说，我们既不能照搬西方，这一点我们都很清楚，理论界也很清楚，我们也同样不能照搬传统。那么传统文化的现代化如何理解？这是需要我们认真考虑的一个问题。比方说，农业现代化我们好理解，包括中国式现代化也好理解，比如说它是机械化，它是工业化，现在又加上智能化、信息化等等。农村现代化是城镇化，城镇化有城镇化的一套标准。那么传统文化如何现代化？我觉得从哪个角度来把握现代化的内容，是我们需要考虑的问题。

所以传统文化"两创"命题所提出的一个重大问题是：传统的人文思想、人文主张、人文追求、人文理念，能否直接指导一个现代国家的治理？换句话说，治理一个现代化国家，究竟要更多地依靠现代社会科学，还是主要依靠一些古老的人文思想与理念？这是需要我们认真思考的。

现代的经济学知识、政治学知识、管理学知识、法学知识，应该是当下治国理政的基本资源和主要政策依托。你要解决养老的问题，就必须依靠现代的人口学所提供的分析和思路去做，否则光不停地念叨"老吾老以及人之老，幼吾幼以及人之幼"没用，问题在于怎么去做、怎么去操作、怎么去实现。而这一刻也离不开现代社会科学知识。世道变了，治国之道焉能不变？

王先生，我有个理解不知道对不对——传统思想、传统文化的现代化就是传统思想、传统文化的社会科学化，因为社会科学是现代科学。所以我前些年在《文史哲》杂志上，还有《孔子研究》上，同时开辟了一个专栏，就是"社会科学视野下的儒家思想"。我们必须把传统的文化、传统的儒家思想放在现代社会科学视野之下，重新予以审视。那么经过我们的审视之后，我们把这些思想变成现代的，进入现代知识体系和现代思想体系，从而指导现代国家的治理。我们是在治理一个现代国家。我们要和世界相通，我们要赶超世界先进水平。

我们思考传统文化的现代化的问题，还要结合当下中国理论界和学界的主流问题来把握。在我看来，建立有中国特色的哲学社会科学体系，是我们学界当下的一个主流。按照我的理解，所谓有中国特色的哲学社会科学体系，实际上就是哲学社会科学的中国范式。那么具体说来，就是经济学的中国范式、政治学的中国范式、法学的中国范式、管理学的中国范式、社会学的中国范式、历史学的中国范式。当然主流的东西放在学术尺度上该如何评价，我们也必须心里有数。它是主流，这是不可否认的，大家都在做，目前的焦点在这里，至于它经过历史检验后应如何评价，那我们另当别论。这些范式，哲学的中国范式或者社会学的中国范式，以及法学的、经济学的、政治学的中国范式，那么这个范式是什么？我们目前很难判断；但是它不是什么，我们目前很清楚。在我看来，所谓哲学社会科学的中国范式，就是拒绝套用或者简单照搬哲学社会科学的西方范式。而套用哲学社会科学的西方范式，曾经是中国学术界的主流。改革开放之后我们都感受到了，哲学社会科学的西方范式曾经是我们在一段时间之内——40年之内——的主流。直到目前，也很难说我们走出了这样的现状。

所以我这里想说的是什么问题呢？那就是学界主流不是固定不变的，它是可变的！关键是我们能不能准确地把握它。在总结《文史哲》杂志的发展历史时，我也提出了一个看法，就是在1949年之后我们经历了两次大的学界主流的变动和调整，现在正在经历着第三次大转型。第一次大的调整，是 20 世纪 50 年代我们用"共和国学术"来取代"民国学术"。换句话说，我们用马克思主义中国化的实践成果，就是用毛泽东思想去置换"在民国年间占主流地位的胡适的实验主义"，这个调整曾经是 20 世纪 50 年代的主流。《文史哲》杂志历史地位的奠定，就是在这个用"共和国学术"取代"民国学术"的过程当中，它发挥了积极的、引领的、带头的作用。但是，"共和国学术"后来演变为以阶级斗争为纲的学术范式，且贯穿整个"文革"期间。

第二次是从"以阶级论为纲"学术范式到"以现代化为纲"学术范式的转型。改革开放之后随着国门的打开，我们突然发现当我们强调阶级斗争的时候，西方的哲学社会科学已经发生了巨大的调整。比方说，就历史学而言，在改革开放之前我们研究政治史、阶级斗争史，而年鉴学派在世界史学占主流地位之后，研究下层民众史、经济史、日常生活史已经成为世界的主流。所以改革开放之后，学界主流的另一个大的变化就是我们打开国门，在思想文化界广泛引入或者是吸收的是以西方"现代化"范式为核心的、西方各种各样的研究范式。这是第二次大的调整。正是通过对大量西方理论的引进和使用，我们才真正进入世界学术体系。那么在改革开放后一段时间之内甚至直到现在，严格地讲，我们还没走出这样一个阶段。

到了党的十八大之后，我认为我们有一点学术上、思想上的自觉了，这就是我们正在经历的第三次主流的调整、变动，这就是用"哲学社会科学的中国范式"来置换、来取代、来挑战"哲学社会科学的西方范式"，也就是从"以现代化（西方化）为纲"学术范式到"以本土化（中国化）为纲"学术范式的转型。我们曾经照搬过的哲学社会科学的西方范式，至于怎么评价它，我们不再过多讨论。但需要明确的是，哲学社会科学的西方范式曾经给中国的学术史造成了一个大的革命，从这个革命的历史意义上来讲，我们从哪个方面来理解它都不过分；但是它的弊端也同样非常清晰，正因如此，我们才需要直面中国问题，建立更有解释力的中国范式。所以对于当下的中国学界来说，要从与西方接轨转变为与传统接轨、从"文化自卑"转变为"文化自信"、从批判传统转变为礼敬传统、从追求西方化转变为追求本土化和中国化，要用"哲学社会科学的中国范式"来取代"哲学社会科学的西方范式"，在我看来这是目前学界的一个主流。

那么"哲学社会科学的中国范式"的内容是什么？这个需要我们进一步探讨。从目前来看，就是习近平总书记提出来的中国自主的知识体系，这是我们哲学社会科学中国范式的主要内容。郑永年先生最近这两年也在谈这个问题。郑先生认为，自主知识体系有效供给不足，这是当下中国发生很多问题的根源。那么什么是中国自主知识体系？在我的理解中，那就是以中国为本位、为主体、为对象的一种知识体系，它能够直面中国经验、中国材料、中国数据、中国案例，而不是照搬西方的那些现成的东西；从中国经验当中总结出来的中国理论或者中国法则，就是我们所说的自主的知识体系。

 王　蒙：从哲学社会科学中国范式，到中国自主知识体系，确实是当下中国文化界的课题。传统文化在这个过程中将处于什么样的重要地位，值得探讨。这就是说，我们在建设中国特色社会主义的过程中，不能无视中国传统文化对我们一代又一代人的潜移默化、陶冶熏染，以及匡正价值观、凝聚中国内地与中国港澳台、遏制与消除分裂恶变的巨大作用和巨大软实力。许多被全世界认同的中国传统观念，比如习近平总书记提出的"协和万邦""亲仁善邻""好战必亡""和而不同""取长补短""兼收并蓄"，都很精彩很有说服力，都有助于形成与不断发展我们的久而弥新、生龙活虎、与时俱进、诚于中而形于外的脚踏实地的中华文化。

我们读书人也喜欢传统文化中关于道法自然、天人合一、仁者乐山、智者乐水、自强不息、厚德载物、以民为本、反求诸己、仁者爱人、忠恕诚信、居安思危、慎终追远、和而不同、周而不比的格言与美德垂范，中国传统文化对于精英君子的期待与敦促，是一份无法估量的精神遗产。

我想我们讨论传统文化，讨论儒学，目的不在于历史，而在于当今，在于开拓、改进、充实、优化我们的中国特色社会主义文化的根脉与资源，目的在于沟通交流，切磋琢磨。己欲立而立人，己欲达而达人，见贤思齐，见不贤而内自省，以今天对于中华优秀传统文化的继承弘扬去助力构建人类命运共同体与人类文化的最大公约数，同时更好地学习、消化、汲取全球范围的先进文化。

王学典：您说得对，我们谈论传统文化不是为了发思古之幽情，而是着眼于我们的未来发展。我们一直强调传统文化的推陈出新、革故鼎新，也就是传统文化的现代化。这些年来的讨论也很多了，也积累了一些经验。您是文化领域的老前辈，我对儒学的现代化路径也有一些浅显思考，正好借此机会请您指点！我感觉传统的复

（唐）阎立本：《职贡图》

此图表现的是唐太宗时期婆利、罗刹、林邑等国使臣来大唐朝贡的情景。

兴表面上是走向古代，但本质上是创造一种面向当下与未来的、与西方自由主义的哲学社会科学范式不同的哲学社会科学的中国范式。这是实现传统文化创造性转化与创新性发展的路径之一。

那么儒学在现代如何实现创造性转化？不外乎这样两大基本路径，一是宗教化、信仰化，二是社会科学化。我认为，现代治国理政的基本思路和具体措施，必须依赖现代社会科学，而不是传统人文理念。儒学的宗教化之路很难走得通，因为世俗化是世界的大势！"半部《论语》治天下"的古典时代早已经过去了，儒学必须经过社会科学的冶炼，进入现代社会科学体系，才能更好地为现代人所认识与接纳。把传统文化特别是其中的儒家思想进行社会科学化的处理与冶炼，使这一文化、这一思想的精华进入到现代知识体系和现代思想框架中去，从而使其对治国理政具有直接的指导意义，我认为就是"两创"提出的初衷。

总体来说，我认为儒家的思想之源、思想体系有两大属性，即一半是伦理，一半是政治。所以学界研究儒家思想的时候，常会引入社会学的一对概念，这就是私人领域和公共领域。引入这对概念，就是把儒家思想一刀劈成两半，一半是私人领域，另一半是公共领域。儒家的思想我们可以用四个字概括，叫"内圣外王"，这个是在庄子的著作当中概括的；或者是孔子提出的"修己以敬""修己以安人""修己以安百姓"，所以把自己培养成圣人，培养成贤人，然后去安顿社会、去处理社会，去应对社会提出来的要求和任务。所以儒家的理念一半是伦理、一半是政治，一半在私人领域、一半在公共领域。在私人领域是修身齐家，在公共领域、在社会治理领域、在国家领域，是治国平天下。这两个方面和儒家、和历史上人们对儒家的概括——内圣外王完全吻合。

在私人领域，儒学不需要社会科学化。比方说仁义礼智信，不需要社会科学化。中国传统社会典型的思想，包括典型的生活方式，从内容上、从内在上来讲是"仁义礼智信"，从外在表现形式上是"温良恭俭让"。我们看韩国人、日本人，甚至包括我们的台湾人民，都是温良恭俭让——受过儒家的熏陶，给老人说话、给别人说话，都是小声的、小心翼翼的。日本人更是这样，见了你就点头哈腰，他可能很自负，他可能从内心里瞧不起你，但是一样对你点头哈腰，为什么呢？就是因为"温良恭俭让"，他们从小接受这样的训练，接受这样的教育。所以，儒家在私人领域不需要社会科学化，仁义礼智信不需要社会科学化。温良恭俭让是对人品行的要求，所以在修身的范围内，在道德修养的层次上，《论语》可以拿过来直接就用。进一步来说，所有的信仰、所有的伦理，都是私人领域的事情，私人领域不需要社会科学化。

但是在治国平天下的层次上、在公共领域的层次上，儒学必须社会科学化。儒学的社会发展理论属性要求它要治国平天下，社会怎么去演化，那是它关心的问题。时代变化了，社会变迁了，我们不能"刻舟求剑"，我们要看这个船航行到哪里了，剑被抛在哪里了，我感觉这是我们要关注的一个问题。儒家的这部分内容如果不能与时俱进，那就与社会脱节了，就没办法参与社会治理了。

当然，儒学在伦理与政治领域不是并列、均等的两个部分，但二者之间有着深刻的关联。儒家长期以来一直被学界伦理化、道德化，实际上儒学存在独特的价值，那就是治国平天下是它的核心，道德是它的准备，个人修养是它的修炼，是它的伦理准备。

而儒学要想发挥当代的价值，它治国平天下的思想能够为当代所用，就必须经过现代社会科学的冶炼。儒家的思想经过冶炼之后，才能进入现代知识体系和现代思想体系当中。"半部《论语》治天下"，这个观念已经过去了，"半部《论语》治天下"是宋代人提出的，已经不适应当代社会了。就像今天的西方，已经没有人会继续抱着一部柏拉图的《理想国》去治国了。因为我们已经进入现代社会，甚至是后现代社会，人工智能、数字化时代都已经到来了。社会越发展，城市化程度越高，治理难度就越大，就越危险。

蒙老，回想我们在改革开放之前的生活，我们可以想象，在农业时代我们不存在断水、断电的问题，油灯可以取自自然，水到处都是。但是在发达的城市生活当中，断了水、断了电，包括今天断了网络，马上就生存艰难了。所以社会越发达，它的治理难度越大，城市化程度越高，社会就越处在危险的境地中。我们今天断电看看，手机、网络也不能用，我们马上变成聋子、变成瞎子。所以管理的任务随着现代社会的到来越来越艰巨。所以黄仁宇说过，在传统的中国社会诗人治国、文学家治国、文人治国，在现代社会是数字管理社会。我们已经进入用数字管理社会的时代，大家知道黄仁宇说这句话的时候是 20 世纪 70 年代，那时候还没有进入所谓的数字社会，还没进入信息时代，还不是大数据、人工智能时代。所以，黄仁宇所说的用数字来管理社会的这个社会、这个数字必须是社会科学的，是当代社会科学的，所以用当代社会科学所提供的原理来管理社会是不可逆转的大势。既然如此，古代形态的儒学显然不能照搬到现代社会，必须经过现代社会科学的冶炼，儒家思想才能对一个现代国家的治理发挥作用。

儒家的孟子说过一句话，"老吾老以及人之老，幼吾幼以及人之幼"，这句话能够完全应对今天的老龄化社会吗？显然是远远不够的。所以我们要想应对老龄化社会的到来，必须运用现代人口学说提供的知识来明确应该配备多少床位、来安排多少医生、来提供多少资金。所以，传统的人文理念、人文追求必须社会科学化，必须具备现代人口学这样的知识才能应对老龄化社会的到来，否则我们没办法应对。所以儒学要想在当代社会发挥它应有的作用，必须与时俱进，必须通过自身的社会科学化，进入现代知识体系和现代思想体系，才能指导社会的治理，否则的话没有出路。

那么儒学怎么样社会科学化呢？蒙老，学术界有几个正在探讨的案例，我感觉可以说明问题。比如，儒家包括一些中国思想家都有一个追求，什么追求呢？就是选贤任能，主张应该把社会中的优秀人物选拔出来，进入这个社会的领导岗位，然后指导这个社会的运转。为什么有这个追求？我们每个人都觉得自己怀才不遇，不光是领导干部，包括高校老师，都感觉自己怀才不遇。什么叫怀才不遇？陶渊明专门写过一篇赋叫《不遇赋》，什么叫"遇"？就是出现赏识你的人，认识到你的地位、价值和意义的人，就叫"遇"。比如遇到好领导，领导发现你有独特的价值，当然要提拔你、重用你，你就"遇"了；如果碰到一个好皇帝重用，那更是山呼万岁。但是很多人都认为自己怀才不遇，我们看李白、杜甫，能够打动你的地方，就是对于自己怀才不遇境遇的提炼和抒发。"天生我材必有用，千金散尽还复来""仰天大笑出门去"，这些都是李白和杜甫之类人对怀才不遇的感慨。但是李白一个诗人，给他一个领导岗位他治理得了社会吗？他治理不了，但是他并没有认识到自己有问题，老是认为皇帝对他不重视。

所以，选贤任能就是中国各派思想家的追求，而现在有一个人作了理论探索的贡献，这个人就是贝淡宁先生。他曾经在山东大学青岛校区任政治学与公共管理学院的院长，当然他已经调到香港去了。他写了一本书《贤能政治》，这本书解释了为什么尚贤制比西方民主选举制更适合中国，把几千年来源远流长的选贤任能的人文理念，用现代政治学的实证手段，做了一系列的分析，然后把贤能政治这个概念变成和民主政治概念相对的一个现代政治概念。现代政治学是怎么处理儒家传统政治理想的？你看这本书，问卷调查、数据分析、建立模型、证伪、实证，他把现代政治学、把选贤任能的这个理念、这个思想，奠定在现代政治学可以证伪的那个基础之上，这是典型的"两创"。"贤能政治"这个概念通过这本书，在西方产生非常大的影响，在我看来这也是为数不多的在政治学上作出非常大的贡献的一本著作。这是在现代政治学上对贤能政治的讨论。

另外，中国古代的经济思想，包括儒家的经济思想，我主张采用道义经济这个概念来概括中国传统的经济理想，概括那一套经济设计。什么是道义经济？简单来说，就是不让有人饿肚子，所以儒家特别注意田制。儒家所有的田制设计中，特别是井田制这个概念，它的目标都体现在所谓的"民以食为天"这个概念上。我认为儒家的经济理想、经济目标是一种道义经济。换句话说，儒家给所有的逐利行为、市场行为设立道德界限、伦理界限。所以儒家的道义经济背后是王道，是仁政。孟子在《梁惠王》篇章里面提供了一个理想，他说"七十者衣帛食肉，黎民不饥不寒"，不饿肚子，不衣不蔽体，这是应该追求的治国理政的理想目标。这个目标从哪个角度来讲都是值得我们向往的。

我认为社会主义的市场经济实质上也是一种道义经济，就是我们在市场经济这个概念之外，加了一个社会主义的限令。按照邓小平同志的说法，我们不能搞两极分化，什么叫两极分化？朱门酒肉臭，路有冻死骨，就是两极分化，是典型的两极分化。有学者从经济学上曾经对儒家的理想做过一个非常深刻的研究，就是陈焕章先生。现在翻译的一本书叫《孔门理财学》，我倒觉得这个概念是不正确的，应该是孔门经济学，或者类似的。陈焕章是在哥伦比亚大学写的这本书，他接受过现代政治经济学的严格训练，他将儒家的义利观念诠释为国家社会要为整个社会发展、财富的积累提供道德约束。所以《孔门理财学》这本书出版之后，在西方产生了巨大影响。它深刻挖掘和诠释了以义利关系为核心的这样一套儒家的经济思想、经济理想、经济原理、经济命题。我们也受到很大的启发。

有一个经济学家，出版了一本书叫《儒学的经济学解释》，作者是盛洪。他尝试着从经济学的角度来阐发儒家的正心诚意、格物致知、修身齐家治国平天下这一套。他的结论我是完全赞成的，他说一个人最有效率的行为和对策就是遵从道德的行为，我认为他这个结论是有道理的。一个人要想发展，要想进步，要想提升，要想成长，最有效率的行为是符合道德的行为。《增广贤文》上有这样一句话，叫"但行好事，莫问前程"，你只管做你认为符合道德的那些事情，有境界的那些事情，比较高尚的那些事情，助人为乐的那些事情，那么你的前程一定是好前程。我对这一点非常赞成。

盛洪认为，一个人最有效率的行为是遵从道德的行为。比如学校提拔校领导必须进行民意测验，民意测验一方面看你的能力，更重要的是看为人，看如何做人。我们这个地方特别看中人品、品行、修养、教养、品质，所以盛洪的这个解释完全从效率的角度去解释人升迁的快慢，他认为遵从道德的行为是最有效率的行为，也是我们成长的法则，所以必须做好品质修养。不要歪门邪道，歪门邪道最后获得的是另外的东西，这是我想强调的道义经济。儒家的这些行为经过新的解释，表明了对品质的要求会提高效率，而效率是一个经济学的概念。所以道德不光在道德领域，在各个领域都会发挥作用。

儒家还有管理学上的一个遗产。因为我们是一个有超长历史的国家，而且我们这个社会长期以来被治理得井井有条，所以在我看来最重要的遗产、最核心的遗产是管理学的遗产。我把这个遗产概括为忠信管理。这个所谓的忠信管理，就是下对上要忠诚、上对下要信任，这是一个对称的关系，侯旭东教授谈过类似"信—任"型关系的问题。所以忠信管理是非常值得研究的。当然管理学是西方化最典型的学科之一，政治学、法学、社会学、管理学都是西方化最典型的学科。但由前述可知，中国的管理学也有着丰厚的遗产，有取之不尽、用之不竭的案例、经验、教训，有待于我们用现代管理学的手段去把这些遗产挖掘出来、呈现出来、表达出来，而这一点是值得进一步去做的。

我感觉社会学对我们认识儒学的作用特别巨大。儒家的要义之一是角色伦理，《儒家角色伦理学》是美国夏威夷大学的哲学家安乐哲先生写作的一本书，是山东人民出版社出版的。我和安先生当面讨论过，我说我感觉"角色"这个概念是个社会学的概念，你把社会学的概念拿来理解儒家的那一套学说。安先生当场完全赞同，他就是借用了社会学的一个概念，社会学的一个视角，来观察儒学的原理对中国传统社会的设计，这是非常重要的一点。所以我们研究儒家哲学、儒家思想、中国传统思想，就必须具备相应的社会科学的训练，至少是熟悉相关学科的核心概念，然后把这些概念当工具来勘探中国古典文献当中所储存的大量遗产。

另外，心理学也能为儒家的命题展开别开生面的论证。刘笑敢先生在一个题为"两种定向读《孟子》——关于人性善的理解问题"的讲演中，就采用了现代儿童心理学、生物学的新发现，对孟子"性善说"的内容和意义进行了切合现代人理解的新阐释。刘教授提到，美国耶鲁大学的教授保罗·布鲁姆，他做了一个心理学的实验，通过这个实验他认为孟子的"性善说"有现代心理学的依据。我们现在谁都是这样，你看到一个孩子掉到井里了，这个孩子可能完全和你无关，你却会感受到焦虑和痛苦。在孟子的理论当中，这是推己及人，就是根据自己的心理去关联别人的心理。布鲁姆就根据现代神经学的研究，发现人的头脑当中有一个镜像神经元，它能够作为人类道德的先天的生物学的基础，这就完美地印证了孟子的理论。这远比以往的解释，更具说服力。

所以我感觉，所谓传统文化与儒学的现代化就是社会科学化，是当代社会科学化，如果离开这些我们没办法处理儒学现代化。我们今天当然可以在将儒学社会科学化处理的过程中，返回源头，汲取儒学的生命活力，以促进中国文化在更高阶段上的发展。事实上，对儒学的社会科学化冶炼，已有不少国内外学者进行了有益的探索。"贤能政治""道义经济""角色伦理学"都已经提出来了，这也就是说我们必须把传统文化的很多命题，如人文思想、人文理念、人文追求、人文情怀，加以社会科学的提炼，建立在实证的手段上，把它变成一个现代形态的东西，而不是传统形态的东西，我感觉这是我们传统文化现代化的内涵。

王　蒙：您谈的这个非常好，就是对社会历史的看法，重视道义，重视正义性，这一点恰恰是儒学与马克思主义相通之处，这是比较重要的问题。我们说不忘初心，既不能忘掉马克思对社会正义、对劳动人民受压迫和受剥削的关注，也不能忘掉儒学对道义的重视。

传统文化与儒学的社会科学化是个新提法，是给人们的重要文化启示与历史课题，是新的文化追求路径，值得好好探索。创新也是个学习的过程。我们曾经讲过要建设学习型政党，我们曾经说过我们是一个学习型社会。我们办国际儒学讲座、探索传统文化与中国式现代化的实现路径，这也是广义的学习——摸着石头过河，石头就是我们的传统，一个个传统的石头都摆在那儿了，你要好好地利用它。

中华文化的摸石头意识，表现了源远流长、历经兴衰荣辱的中华文化的丰富性、全面性、灵动性、坚韧性。我想起在中国有长期生活与执教经验的美国作家、诺贝尔奖得主赛珍珠，她虽然曾经站在中华人民共和国的对立面，同时，她多次向美国政要建议，必须与中国建交。她极力强调中国历史与中国文化的品质与功能。

所以今天谈我们的传统文化，我们的目的不仅仅是为了知道过去，怀念过去。更重要的是，我们要让好的传统流传下来，能够丰富我们今天的精神资源，能够应对今天的各种挑战，有我们自己的信心，有我们自己的办法。到今天我们还要根据我们的传统、我们的老祖宗留下来的办法，总结新的经验，过河过得越来越好。

王学典：将传统文化的复兴与儒家的社会科学化落到实处，目前看确实是可以尝试的一个方向。非常感激您的鼓励！我们的事业是前无古人的，所以我们必须不断尝试，这就是您说的摸着石头过河，必须要摸出一条新的道路。比如我们党提出了一个口号叫"治理体系和治理能力现代化"，就是社会在变化，社会发展已经经历了很多的阶段。我们经历了所谓的原始社会、农耕时代、工业社会，我们现在已经进入了后工业社会，就是通常所说的信息社会。那么，治理信息社会的理论必须和当代社会的实践相结合、相适应、相协调，所以包括儒家思想在内的传统文化要想保持它足够的活力、应有的活力，它必须现代化。

在实现传统文化现代化、实现儒家思想的社会科学化的过程中，我们还有必要认识儒学的核心要义是什么。我感觉有三大要义。哪三大要义？第一点，儒家特别强调人性本善、君子人格、内在修养、自身的教养，所以这点和西方文化完全不一样。西方文化更强调一种外在的规范，靠制度、靠纪律、靠法律、靠法治等刚性约束，而中国的文化更多靠内心的提升，发现我的善根，发扬我的善性，然后就光大它、发掘它，使其开花结果。所以，儒家主张靠自身修养、自身修炼来完成它的人格化、社会化，而不是靠外在的力量。所以说西方文化是一种规范伦理，而中国的文化是一种德性伦理，是一种内在的伦理，这一点特别重要。我们读儒家的书，读《论语》、读《孟子》，或者是读其他的典籍，特别要看到儒学特别强调自身的修养、教养、境界、慎独、克制、自律，那么久而久之，下意识你会形成一种君子人格，不需要外在强制，不需要外在规范，不需要外在的法律，你就可以是有境界、有操守的一个比较高尚的人。所以儒家的德性伦理与西方的规范伦理形成鲜明对照，这是儒家的核心，最核心的东西，儒家靠自身的修养、靠自性，不需要靠外在的规范、外在的强制、外在的刚性约束，儒家更多是发自内心。

第二点，儒家特别强调角色伦理。君君臣臣、父父子子，君要有君的模样，臣要有臣的模样，做父亲有做父亲的要求，做儿子有做儿子应尽的义务。这就是儒家的角色伦理。换句话说，在整个社会结构的等级秩序当中，你处在哪个层次上，你扮演一个什么角色，那么就有相应的角色伦理来规范、来要求。它要把人培养成和他的角色完全相吻合的一种人格，所以儒家的角色伦理和西方的个性主义、我行我素、个性至上完全是两回事。个人至上、个性至上，它并不特别强调角色义务，当我们承担角色伦理的时候，这就是说必须尽义务。而这一点，中国的角色伦理和西方的个人至上形成两个极端，这是我们必须要关注的。角色伦理是它的社会属性，主要指个人在社会上要扮演什么角色，处在角色结构当中的哪一个层次上。比方说是学生，有学生的伦理；是教师，有教师的伦理；一个场合有领导，有对领导角色的要求。所以角色伦理是一个非常重要的概念，是儒家的核心概念之一。

第三点，儒家主张道义至上、仁义至上。什么叫道义至上、仁义至上？就是价值至上，不是利益至上；是"是非观念至上"，不是"利害关系至上"。我们面对一个事物，面对一个可选择的事物，那么是"是"还是"非"，这是一个价值观的衡量标准。道义至上就是价值观至上。这是儒家特别强调的问题。所以我们看《孟子》，有很多这种东西，"鱼，我所欲也；熊掌，亦我所欲也""生，亦我所欲也；义，亦我所欲也"，鱼我也想要，熊掌我也想要，更高的层次我也想要，但是如果不符合价值观，不符合是非的观念，我可以不理会。这对于今天也是非常重要的，包括我们的外交，是利益至上还是道义至上，都是我们要考虑的问题。所以儒家在处理这些问题的时候，它有自己的一套观念。这一套观念就是价值至上的观念。

王　蒙：教授，您的想法极其重要，这里提出的问题其实不仅是儒家的社会科学化问题，而且是中国传统文化的一定程度的变型与创新问题。中国文化是一种感悟、体悟、感性、感觉的文化吗？中国文化不像西方文化那样重视形式逻辑吗？我在阅读中（例如费正清著《美国与中国》）时时看到类似的说法，我感到目前我们还没有找到准确的认知。中医学、文艺学、诗学、宇宙观……一系列的课题摆在我们面前。希望教授能继续研究，发挥发表心得与高论。

（二）中华文明、传统文化与中华民族现代文明

王　蒙：传统文化的复兴如何落到实处，是一个大问题。现在看来，您讲的社会科学化是未来可能的路径之一。对儒学进行社会科学化的处理，我想还是要把握儒家的核心理念与原则，进而把这些理念与原则落到实处。

比如，文化是理念，更是生活。我们的汉语汉字、诗词歌赋、笔墨纸砚、中华烹调、养生医药、建筑园林、传统节日、民族艺术、民间工艺、礼仪民俗……构成了优美的中华生活方式。在全球化时代，我们越发认识到民族与地域文化特色的珍贵。尤其是汉字的综合性、丰富性、灵动性与审美性特色，是中国保持统一的重要因素，是中国人整合性关联性思维的重要基石。我们要进一步提高全民尤其是青年一代的汉语汉字水平，在提倡普通话的同时保护方言，在普及简体字的同时珍重繁体字，在使用白话文的同时学习掌握文言文。学习外语永远不应是、不能是疏于母语的理由。如今，不仅国人日益从中华文化生活方式中得到了可贵可亲的享受和滋养，还有更多的国际友人加入了学习珍爱中华文化的行列。

中华文明与文化传统的其他载体，如遗址、建筑、文物、典籍等，是无与伦比的宝藏；但同时，甚至于我要说更重要的，我们的文化载体是我们的人民，我们的生活，我们的实践，我们的文化传统至今活在中华十五

亿同胞包括港澳台同胞与侨胞的灵魂里、选择里、生活方式与习俗里，各种集体有意识与无意识里，活在诸如重德、尚勤、重视家庭、厚道、劝学、中庸、和谐的观念与生活实践中。

我们的传统文化是至今活着的文化，而绝对不仅仅是博物馆与古汉语典籍中的文化。强调传统文化，不是为了复古，而是为了当今的新发展。璀璨珍宝般的民族传统，活在四书五经、四大奇书、诸子百家、诗词歌赋、京昆戏曲、秦砖汉瓦、文物遗址之中，更活在人民的生活、人民的思想、我们的灵魂里。礼失求诸野，何况我们的礼并没有丢失，我们的传统文化经历了革命时期疾风暴雨的考验洗礼，显示出大难不死的疾风后的劲草品格。不论有过什么样的严峻挑战，什么样的艰难周折，其实在我们中国人的心中，在我们的文化基因中，至今仍然有很大影响的许多东西，都离不开传统文化。人们心中本来就有评判好坏、善恶、美丑的一杆心秤也是天秤。

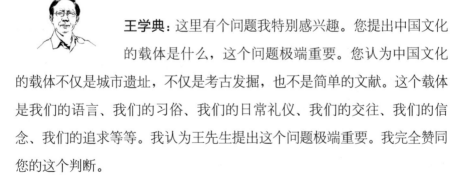

王学典：这里有个问题我特别感兴趣。您提出中国文化的载体是什么，这个问题极端重要。您认为中国文化的载体不仅是城市遗址，不仅是考古发掘，也不是简单的文献。这个载体是我们的语言、我们的习俗、我们的日常礼仪、我们的交往、我们的信念、我们的追求等等。我认为王先生提出这个问题极端重要。我完全赞同您的这个判断。

那么我的理解是什么呢？就是中国文化的载体，是我们每一个中国人本身，不是那些空洞的东西，也不仅仅是文献，也不仅是哪个考古发掘，甚至也不只是万里长城。当然，万里长城之独特与富贵无与伦比。而我们每个中国人本身，我们每个人日用而不知的那种生活方式，是中国文化的最活跃的载体。

王　蒙：对，文化载体是我们的人民。所以我们强调的文化自信是指结合现代的、生机勃勃的中华文化，不是只供欣赏与经营保护的稀有文物、古玩盛景奇观。虽然旅游将越来越充实它的文化含量，但更重要的是历史文化的传承会越来越受到当代旅游的新发现、新触动与新推进。当越来越多的各国游客徜徉于中华民族的文化遗产之中的时候，文化的自觉，文明的熏陶，文明的现代性，文明对于"小人""民粹"水准的突破与提高，都会有长足的进展。

同时，我也越来越意识到，文明的孤立是文明演进的最大障碍。自古以来，中华文明从来不是单纯绝对与孤立的。我们现当代的国语、普通话里汲取了大量兄弟民族与域外语词观念，咖啡、坦克直接来自英语；隔壁（读 jie bier）、旮旯、胡同，来自蒙语；萨其马，来自满语，大量现代名词来自英语日译中的汉字等等。

还有许多伦理型文明与文化的民族与地域特色。我们从孔夫子到孙中山到我党的领袖人物所讲的"己所不欲，勿施于人""己欲立而立人，己欲达而达人""智仁勇""礼义廉耻""满招损，谦受益""上善若水，水利万物而不争""讷于言而敏于行"，一系列对于君子风度的推崇与对于小人的指摘，其中"坦荡荡""反求诸己""和而不同"以及道家对于虚静与自然的提倡，"祸兮福之所倚，福兮祸之所伏"，墨家对于兼爱、非攻与节用的主张，法家对于国家的治理观念……也都形成了所谓中国智慧、中国品德、中国风度、中国气概、中国调门、中国仪式的特色。我们至今温习起来，仍然感受到其中的精彩与管用。

而我们从童年就屡屡听到的孔融让梨、鞭打芦花（闵子骞孝）、曹娥救父、王宝钏寒窑十八年之类的故事，也宣扬着震撼人心的东方伦理故事。

我的一位朋友讲到他的长兄，在父母双亡以后照料多位弟弟妹妹，他们全部受完高等教育，全部婚配完成家立业之后，长兄已经六十多岁了，他请弟弟妹妹全部来家里，宣布，"我想结婚了"。这个故事叫我一想、一说就落泪不已。

而在终极关注宇宙观、世界观、人生观方面，"天行健，君子以自强不息；地势坤，君子以厚德载物"，"阴阳五行，相生相克"，"人法地，地法天，天法道，道法自然"，"朝闻道，夕死可矣"，"天不变，道亦不变"，"苟日新，日日新，又日新"，"与时俱化"，"天命之谓性，率性之谓道，修道之谓教"……这些论述，具有高屋建瓴、统筹兼顾、概括全面、虚实兼顾、辩证统一的特色，具有分析发挥充实推进的巨大空间，具有创造开拓，更新转化，创新发展，与世界的现代化、中国式的现代化接轨的顺理成章的可能性。

王学典：中华文化的重要载体是我们的人民，虽然各民族风俗习惯有差异，但是我们都是基于中国特色社会主义事业，基于我们共同的当代生活，我想这一点是我们的共识。在这一点共识上，除了上面讲到的儒家思想社会科学化的问题，我近年所思考的另一个中心问题是：传统文化，中华美德，包括社会主义核心价值观，怎么样扎根生活，扎根人们的头脑。社会主义核心价值观如何成为全民的自觉行动，这是一个需要深入探讨的问题。

我们通常的做法是把它放在课堂上、讲堂上，蒙老，我在这个问题上有一些和主流看法不是完全一致的地方。我认为，无论是中华民族固有的价值观还是社会主义核心价值观，要想成为全民的自觉行动，它必须植根于生活方式之中，而所有的生活方式无不发源于人性，所以，我们的"核心价值观"必须与"固有价值观"一样，应该扎根于人性之中，否则的话都不能持久。比方说，我们在学校课堂上进行教育，但是学生回到家里，社会上的主流风气和课堂上的教育并不完全吻合。那么学生是相信课堂上的讲述，还是更相信社会上流行的东西？在我看来，课堂上所讲述的所有东西都经不起生活带来的挑战。如何把中华美德和社会主义核心价值观统一起来，打造一个与中国道路相匹配、与中国历史文化传统可对接、与西方生活方式相平行的新时代健康生活方式，也许这是更根本、更重要的。

王　蒙：社会主义核心价值观与中华文明之间是具有继承关系的。从对社会主义核心价值观的概括，可以看出传统与现代文明对接的追求与成果，看出近一二百年中华文化的前进足迹。富强、民主、文明、和谐，自由、平等、公正、法治，爱国、敬业、诚信、友善，继承了民本、尚和、仁爱、重义的传统，也包括了狂飙突进的新文化运动所提倡的德先生、赛先生、爱国主义、社会主义，同时凝结了邓小平理论的改革、开放、发展理念。对此我们需要有更深刻的钻研与领会。

我认为，所谓"核心价值"，是从我们传统文化最强大的基因中生长出来的。广大人民心中，长久以来保存着辨认是与非、善与恶、优与劣、清与贪、仁与不仁、诚与伪、美与丑的愿望与尺度。人心可用传统可取，传统文化弘扬得好，大大有利于价值观教育发挥实效，也正是对于世道人心的"凝魂聚气、强基固本"。

"核心价值"包含了先贤的美好愿景，包含了从孔夫子到孙中山一切志士仁人的奋斗理想，体现了中国共产党人领导广大人民进行革命斗争的根本目标，即实现伟大民族复兴包括文艺复兴的中国梦。它还是中国特色社会主义现代化的实践成果。其文化意义在于，它是中华民族的，是社会主义中国的，也是现代的世界的。它是理想的，也是务实的。以社会主义核心价值观为圭臬的中国人民，将为世界的和平进步与人类的幸福作出更大的贡献，同时保持并弘扬中华历史传统特色与精华。"核心价值"的最根本依据在于它是与人民的幸福追求、正义维护、发展信心、上进愿望融为一体的，它的实现，应该是生活化、接地气的，它应该成为每个公民尤其是青年公民自身发展、实现人生价值的根本保证。核心价值来自最广大人民的切身利益。

王学典：您对核心价值的这个解释很有意义，值得深思。社会主义核心价值观既有现代化的观念，也有从中华优秀传统文化中继承、衍生出来的观念。所以深刻理解社会主义核心

价值观，就要深入理解中华优秀传统文化，这也有利于我们的现代文明
建设。

王先生，在我个人看来，在当代创造中华民族现代文明的蓝图中，中
华优秀传统文化应当发挥的一个重要作用，就是和社会主义核心价值观的
建设结合起来，重塑民众的价值观念和生活方式。晚清民国时代革命前辈
的思考和探索，已经触及再造中华文明最深层和核心的部分，那就是中华
文明的伦理价值。他们认识到，儒家思想之所以能成为中国传统社会主流
文化的代表，不是因为其思想的深刻或高妙，而是因为其伦理价值已经内
化为民众的生活方式，这就是两千多年来在中国占主流地位的东方伦理型
生活方式。儒家伦理价值不仅能抵抗西方文明的入侵，而且作为与西方文
明的最大差异，还将成为中华文明复兴的坚硬基底。

所以在我看来，中华民族现代文明的根底也应该是新的伦理价值的确
立，并通过将其融入社会生活、内化为生活方式而真正发挥作用。中国
的、现代的、文明的生活方式，是社会主义核心价值观的可靠载体。

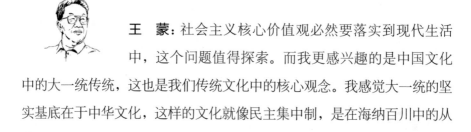

王　蒙：社会主义核心价值观必然要落实到现代生活
中，这个问题值得探索。而我更感兴趣的是中国文化
中的大一统传统，这也是我们传统文化中的核心观念。我感觉大一统的坚
实基底在于中华文化，这样的文化就像民主集中制，是在海纳百川中的从
多到一。

例如比较一下中国内地与港澳台及与国外的华人聚居区即"唐人街"，
在社会制度、意识形态、国民收入水平、生活方式方面，可能有不小的区

别乃至互相摩擦悖谬，但共同的中华文明气派风度倾向，仍然时时表现出统一乃至同一的氛围与标志。文明的统一，文化的统一，从来是中国统一的基础，即使是兄弟民族，非中原主体民族入主中原，文化文明的中华性，仍然是中国的统一与延续的毋庸置疑的根据。国外某些不知中华为何物的所谓汉学家，认为元朝、清朝不是中国，他们不了解中国自古以来的文化立国、文化认同观念，他们意欲以西方的种族定义来修改中国的历史。

这是一个很有意思的现象，颇不相同的社会背景、阶级背景、权力背景、民族背景、地域背景下面，显示出文明的相似性、相近性、统一性、连续性；同时又不拒绝变易、特殊、差别与必须必要的调整更新变法重塑。

这首先和语言与文字的统一有关。我年轻的时候遇到的一件大事是斯大林发表了论文《马克思主义和语言学问题》，斯大林指出："语言的稳固性是由它的语法构造和基本词汇的稳固性造成的……不能把语言及其结构看作是某一个时代的产物。语言结构，即语言的语法构造和基本词汇，是许多时代的产物。"

斯大林强调语言文字不是上层建筑，对此专业性的论辩争拗我们可以暂不置喙。语言文字在极大的程度上会用来表现彰显意识形态的倾向，这决定于语言文字的使用人，但语言学、文字学、语言文字的功能性历史性与适用性却覆盖着几乎各种意识形态。而中华文明的整体、辩证、统一、系统、关联、逻辑、预设特色，与汉语的语言特别是文字独特的信息的全面性、精妙性、因由性、综合性和自洽性有关。拼音文字的语词为什么是此而非彼，多数情况下很难明辨。但中国文字却把表形表义表理表因由结合在一起。同样是说牛，我们的公牛、母牛、奶牛、耕牛、牦牛、水牛与牛角、牛皮、牛排、牛油、牛奶、牛人的构词方法，与印欧语系、阿尔泰语系的语言与文字提供的信息量是大不相同的。望文生义、相辅相成、相反相成，对于语言文字的崇拜，对于文字的敬畏等等都极有趣，也都非常体现中华特色。

比如我们的历史与文化中有不厌其烦的劝学内容："养不教，父之过。教不严，师之惰""学如逆水行舟，不进则退；心似平原走马，易放难收"，这些教诲我们很多人从幼儿时期就听老师或者家长讲过了。而"书中自有千钟粟""书中自有颜如玉""书中自有黄金屋"……即读书能获得一切好东西，现在听起来说得太物质太赤裸裸了，如今，"五四"后一百多年已经不兴说得这样垂涎三尺了，于是改为说"读书改变命运"，实际意思并没有太大的改变。还有孝悌、厚道、重农、惜粮、勤劳、简朴、敬老、情面……不同的人不同的事，不同的政治学术主张下，几千年来炎黄儿女珍惜的东西与价值标准，至今仍然被认为是入情入理、利人利己、得人心、得众望、结善缘的宝贝。"守身如执玉，积德胜遗金"，这一类相当公认的中华文明、中国思路、中华集体无意识、中华传统，某种意义上，它们与有形的文化遗产一样宝贵。它们的载体，正是我们的人民、我们的头脑、我们的日常生活实践，正是神州大地上的你我他，它们不但是遗产，而且是至今未失去活性的精神力量，是精神的凝聚力、适应力、智慧和成熟老到的品质与谋略。哈哈，想起来谁能够不重视不认真对待呢？

从而，与比较具体的文化特别是商业文化与通俗文化先锋文化形态相比，文明似乎更加具有稳定性与恒久性。

王学典：您对中国传统文化中的大一统观念的理解很独到。受您的启发，我也想到，中华文明的稳定性与恒久性是需要凝聚和统一的，这也就是为什么我们一定要维系、维护这样一个大一统的局面。即使会有很大的风险，我们也一定要维护这个统一。所以我再去反思我们刚才讨论过的话题，我感觉中国历史有三点重要经验。

第一点是中国这片土地必须统一，必须要有一个核心力量，而不管这个核心力量的领导者是谁。所谓天无二日，国无二主，这是中国根深蒂固的观念。我想这个根深蒂固的观念，对于中国人来说几乎是牢不可破的。而且古代中国的一家一姓王朝，还会定期轮替，定期轮换。中国陈胜吴广就提出一个口号，叫"王侯将相，宁有种乎！"我们在两千年前的中国就提出来这种思想，不得了。所以中国还有一个"皇帝轮流做，明年到我家"的口号，这是中国的一个传统，所以说我们没有千年的皇室。比如英国王室传承了几个世纪，英国女王刚逝世了还是由她的后人继承王位，中国也没有像日本那样的天皇。但是不管一家一姓如何轮替，皇权制度这个形式在古代中国坚不可摧，岿然不动，一直被保留到 1912 年辛亥革命爆发的时候。中国必须统一，而统一的形式是其次的问题，这是中国历史告诉我们的第一点。

中国历史告诉我们第二点，分裂就会导致灾难。如果这片土地分裂为若干个政权，如果这片土地上有若干个皇帝，一定会血流成河的，各个阶层都无法幸免于难，所有的文明成果都会在这种对天下的争夺中遭到严重破坏。中国两千多年的历史，都证明了这个规律。只要这片土地有好几个皇帝，分裂为若干个政权，一定会兵戎相见，使中国陷入分裂。而在分裂的状态之下，现代化无从谈起，所有的建设性的事业都无法开展，都成为不可能。中国历史上这种故事太多了，比如春秋五霸，战国七雄，战国七雄之间商量缔结和平条约，我们各自和平建国不行吗？不行。三国时期，魏蜀吴三国缔结条约，大家分别统治一个区域和平相处不行吗？不行。虽然春秋战国时期、三国时期也有一些条约在发挥作用，也存在所谓契约精神，但是这些条约大都是暂时性的意见一致，都不具有国家与社会建设的性质，所以这条路行不通。中国要首先有统一，才能有国家建设。我们就不要说所谓的五代十国和近代军阀混战了。一定是有多个皇帝，就会分裂为多个政权，一定分裂，这个流程我们都懂了。这是中国历史告诉我们的第二点。

中国历史还告诉我们第三点，任何一个政权，任何一届政府，任何一个朝代都必须有义务来维系这个大一统的局面。如果哪个朝代、哪届政府、哪个政权无法维系这个大一统的局面，严格讲它就在中国丧失了执政的合法性。中国自古以来的牢不可破的大一统的理念，说明了一个什么问题呢？是巨大的治理需要造就了当下的治理结构，就是这片土地必须统一，必须稳定，这个需要造就了中国的社会治理结构、政治结构。这片土地必须统一，不能分裂，不能多个政权并立，必须要有一个核心力量。我们都知道西方有结构主义，也叫功能主义。功能主义就认为是功能造就了结构，而不是结构派生出功能，这是很大的一个差别。有什么样的社会治理结构、社会政治结构，事实上是由什么样的需求决定的。为什么会有一夫一妻制？这是人类为了维系自己生存的需要，是需要造就了这样一个家庭结构。我们有自己独特的国家社会秩序，之所以是这种结构，是因为有这种需要。所以我最喜欢功能主义的解释，这一点我还在研究。在探讨思考中国历史的时候，我个人还是有非常深刻的感受。

王 蒙：
中国历史的发展能够让我们明确维持大一统局面的重要性。同时呢，更有一些生活习惯、民俗、"国风"，也是在大一统与整体性的思维下形成的。我们具有自身的完整的衣食住行、生老病死、吃喝拉撒睡、中餐西餐、茶与现当代的咖啡、公历与中华历、节气与节日的生活体系与文化体系。春雨惊春清谷天，夏满芒夏暑相连，秋处露秋寒霜降，冬雪雪冬小大寒，它们的形象性音乐性诗性与自然性何等可爱。春节、

（明）陈洪绶：《屈子行吟图》

画面上屈原高冠广袖，身佩长剑，形容憔悴中有坚毅之色，一个伟大爱国诗人形象跃然纸上。屈原在五月初五跳汨罗江自尽，后人将端午节作为纪念屈原的节日。

上元（元宵）、清明、端午、乞巧（中国情人节）、盂兰盆会（鬼节）、中秋、重阳、腊八、小年等节日动心动情。这也与权力更迭、运作体制、意识形态、价值选择没有太大太直接的关联，具有更多的连结性恒久性与适用性。

但又不能简单地认为这与"国之大者"无关：仅仅一个二十四节气的顺口溜，仅仅一大碗五谷杂粮枣栗熬出来的腊八粥，都会使一个常年在外的中华老人泪目，这里有文化爱国主义，爱乡主义，民族深情，故土情思，落叶归根情思，归祖认宗情思，东方文明情思。用您的话来说，是东方伦理型生活方式。

 王学典：当然，我们文明的统一性是有深厚的历史与民俗积淀的，这些积淀是我们进行文明再造的过程中必须要重视乃至主动继承的东西。您刚才也讲到我们的日常生活、习俗的内容，所以我感觉传统文化的创新、中华民族现代文明的建立的坚实基底，还应该落实到生活上，扎根到百姓中。

所以我曾提出，要打造一个新型东方伦理型生活方式。它是一种现代范畴内的生活方式，具有人伦情义、君子品格、家庭为本、重礼仪、重道义、重法治等特征，如果说它和传统生活方式有联系，那么它是儒家生活方式的现代版，而不是儒家生活方式的原样再版。在实践层面，推动中华优秀传统文化创造性转化、创新性发展，就是锻造一个与传统文化可对接、与中国道路相匹配、与西方生活方式相媲美的生活方式，让社会主义核心价值观不再停留于书面和讲堂上，而是有一个可靠的载体，变成老百姓日用而不觉的生活方式。

王先生，我的理解，古典中国是伦理本位的社会，从而形成了中国人不同于西方的一种东方或儒家的生活方式。中国几千年主流的生活方式是儒家造就的，我们的处世理念，处理各种人际关系的方式，注重血缘亲情，都和这一点密切相关。与西方重视个人自由不同，中国人特别重视的是家庭和睦。西方这种生活方式和中国的生活方式有很大的差异。

儒家学说究竟以什么为主体？陈来先生认为是"仁本体"，李泽厚先生认为是"情本体"。中国是一个以人情为重心的社会，我对李泽厚先生的看法比较赞赏，中国的确是"情本体"，亲情，人情，温情。中国人情的这样一种东西是特别顽固的。梁漱溟先生曾言："团体与个人，在西洋俨然两个实体，而家庭几若为虚位。中国人却从中国就家庭关系推广发挥，而以伦理组织社会，消融了个人与团体这两端。"人自出生起，就处于各种人际关系之中，这种种关系，就是种种伦理。儒家将各种关系概括为"五伦"，也就是君臣、父子、兄弟、夫妇、朋友。在"五伦"之中，父子、兄弟、夫妇这三类为家庭关系，最为基本。《论语》强调"孝弟也者，其为仁之本与？"正是看到了家庭关系作为社会伦理关系之根本的这一属性。

中国古代社会是儒家思想主导，还是法家主导？又或者是外儒内法？这是一个讨论了很多年的问题。仅就家庭生活来说，中国古代社会是儒家式的，不是法家式的。因为法家不信任血缘亲情之爱，在奉行法家思想的秦国，商鞅变法中有关社会生活习俗的一条重要内容，就是禁止父子及成年弟兄同居一室，规定一户之中有两个以上儿子，到了立户年龄而不分居的，就加倍征收户口税。

儒家所倡导的家庭生活，则是聚族而居的方式，所赞颂的是"五世不分居"的和睦大家庭生活。在数千年的古代中国历史中，聚族而居的生活方式是主流，家族之内和睦友善，邻里之间守望相助，极大地增强了个人抵御各种意外和灾害的能力，聚族而居是避祸的需要，是对古代社会福利保障体系空白的有效填补。个人的力量是弱小的，尤其是遇到各种特殊情况甚至意外事故，个人的生存能力更显得脆弱不堪，但个人依托家庭，依托家族，度过艰难危困时期的能力便大大增强，同时安全感和幸福感也就随之而来。个人的生存寻求群体的依托，个人的价值体现于其对于群体的意义，这在东方和西方都是一样的，所不同的只是方式。由此，东方社会最根本的古代特征便表现为宗法，而西方社会的古代特征则首先在于宗教。没有家庭所依托的个人只好求助于上帝。

聚族而居的生活遵循着血缘亲情的原则，而儒学则将血缘亲情的原则，提升为道德自律的要求，于是，儒家的生活方式相较于西方宗教社会生活方式的最大特点，便是以道德代宗教。与西方古代的宗教社会和现代的法治社会都不同，东方或儒家社会的道德动力，其来源既不是外在于我的神灵，也不是外加于我的律令，而是内生于我、内在于我的真实情感，而家庭中的亲情之爱，又是这种真实情感的起点。孔子以"子生三年，然后免于父母之怀"作为对父母居丧三年的依据，实际上揭示了父母之爱与子女之孝的现实联系。每个婴孩，都需要来自成年人的爱护和抚育，才能存活与成长，而在人类已有的、直到今天的各种类型的社会中，对于婴孩成长必不可少的爱护和抚育，其最重要、最直接的来源是父母。唯有儒家，以人类社会中这种最真实、最持久、最重要的情感为出发点，在个体生命追求的方向上又具有"下学而上达"的超越性，在社会和平稳定需求的方向上发展为"为政以德"的政治理论，从而形成一套可以安身立命、安邦定国的思想体系与政治理论。

自汉代以来，"三纲""五常"逐渐成为儒家伦理体系的概括描述，但"三纲"具有历史性，并非儒家伦理的核心，而"五常"仁、义、礼、智、信，则具有超越历史的恒久性。其中，又尤以"仁"为儒家伦理的核心概念，也是儒者德性的最高追求。儒学之"仁"，首先是以家庭亲情为起点。如蒙培元先生所言，"父母、子女之间的真情的爱，是一种天赋德性"，这就是孟子所说的"幼而知爱其亲，长而知敬其兄"。这种天赋德性，并不需要特别的灌输与教育，是自然而然具有的，只要加以保护、培养就能够"扩充"。"不诚无物""诚者物之终始也"，家庭的亲情之爱，是具有恒定性的"诚"之爱，儒家的伦理体系以人的天然的、内生于心的真情实感为基础，深深地植根于人性之中，因而具有贯通古今的稳定性和恒久价值。

与父母对子女的爱相对应的，是子女对父母的孝敬。孔子说"色难"，孝既包括物质的赡养，更重要的是敬爱之情。如果说护犊之情，动物也有，但孝亲之情，则区分了人类与动物。儒家是一门"学而时习之"的学问，它提供给人们的，不是数学、物理、化学等知识教育，也不是耕种、养殖等技术教育，而是教人们如何"做人"的"为己"之学，亦即培养人的道德情感与情操，而孝敬父母，则是一个人道德情操培育的出发点，是不能突破的底线，一个不孝敬父母的人，会受到周围环境的强烈谴责，同时，"求忠臣必于孝子之门"，又成为中国古代的社会共识。

儒家的生活方式超越古今的恒定价值，在于儒学中所内含的三组富有张力的矛盾或悖论：首先，儒学虽扎根于人的世俗生活，但它有着彻底的道义论立场，儒家并不拒绝功利追求，但当功利与道义发生冲突时，儒家又有着"舍生而取义""不义而富且贵，于我如浮云"的道德取向；其次，儒家伦理虽以人的亲情之爱为基础，但它并非囿于自己的小家小爱，而是有着推己及人、由家而国的情怀，视家庭、国家的伦理共同体高于个体的利益，视对家和国的伦理义务为个人不可推卸的道德责任；最后，儒家虽以一种理性的、世俗的伦理道德精神为其根本精神，崔大华先生在《儒学引论》中曾专门论述过儒家生活方式的道德伦理性特征，但它同时提供"下学而上达"的生命超越途径，"朝闻道，夕死可矣"的人生终极理性自觉，而这使儒家的生活方式虽不离包括洒扫应对、孝侍父母在内的日常，却又在世俗的日常中沉潜着"尊德性而道问学，致广大而尽精微，极高明而道中庸"的精神追求，从而满足人的现实需求和精神需求。

为何恰好是儒家被历史所选择，成为中国古代社会的思想主干，而非道、墨、法、名家等其他诸子百家？在今天的历史位置上观察，儒家与先秦诸子百家的根本差别，在于它绝不是以一种纯粹的观念形态、思想体系的存在，而是以一种儒家传统——儒家思想及其建构的生活形态或生活方式的存在。

 王　蒙：传统文化中儒家的基本追求、基本理念确实值得从生活形态方面再思考。比如儒家对"礼"观念的主张，其实就基于儒家理想生活形态。

传统文化中所反复强调的礼，到底是什么？最简单的说法，它是个人生活、家庭生活、社会生活、政治生活与待人接物的规范。这个规范可以大致包括礼，但礼并不就等于规范，无论是秦朝的严刑苛法，还是刘邦灭秦后的约法三章，简明扼要的"杀人者死，伤人及盗抵罪"，都求其规范，都属于刑法，都很难算成礼节、礼貌、礼仪。

从字面上说礼，是表达敬意的言行，是共同遵守共同表达纪念、愉悦、友好、庆祝的仪式或者赠品，古代则是祭奠与宴请。而说一个人一个群体彬彬有礼，文明礼貌，应该是更正面、更积极的规范：可以说是文化素质的问题，世道人心的问题，精神资源的开拓与发掘问题，人际和谐与平衡的追求，它常常引起方方面面的注意。当动乱一结束，自下而上，同时自上而下，提倡起五讲四美来，提倡起礼貌用语来，这不是偶然的。《镜花缘》里写出一个君子国来，也是很有意思的。

礼是另一种文明高度的标志，即精英的、名誉的、君子的、文明的、有教养的、令人称颂尊敬羡慕的、令社会和群体欢迎首肯的标志，礼节礼貌礼仪引导你的文明追求与文雅走向。失礼一般不等于犯罪，无罪也并不等于守礼，但失礼会降低人的成色与舆论评价，失礼可能使人成为粗野、莽撞、低下、鄙俗的群体中的一个，失礼会自断自绝于自身的人品、人格、人望，自毁美誉与提升的前景。

儒家就是试图将政法道德化，把道德文化化，把文化高雅化。还要把尊卑的差别礼仪化，把分定（即名分所定、阶级身份所定）文化化并礼节礼仪化，以高雅文化为旗帜体现政法的要求，以分定为依据避免阶级冲突，以教化保证政法规范权力规范的被尊重与被遵守。这样，不仅是为政以德，还是为政以礼，不仅是德治，也干脆是独特的礼治，即以礼治国，以礼育人，以礼维护分定的秩序。这堪称别开生面，中国特色。这也是中华传统的一种整合本领，一种混合特色，一种尚同思辨，一种教化性软实力，一种对硬实力的相对轻描淡写——注意轻描淡写硬实力，也是一种礼，是对仁德文化的恭敬与向往，是谦谦君子之风的宣扬。所以有《三国演义》中的著名说法，叫作"先礼后兵"。礼是一种治理方法、宣喻方法、普及方法、推行方法，外交上更是不可或缺。这既是足够清晰与全面的说法，又是相当有效的一种把握、一种政治与外交文明。这种立足于个人生活、家庭生活、社会生活、政治生活的礼的思想，仍值得我们思考。当年孔子在这方面的规范意识，与今天的我们，仍然相通相继。

（唐）阎立本：《步辇图》

此图表现的是吐蕃赞普松赞干布的使者朝见唐太宗时的场景。

讲孔子，有人不完全理解孔子对于吃饭的认真讲究，这不食，那不食。其实这也是一种礼，是一种感恩的文明，是与一些宗教的餐前餐后祈涛不无相通之处的文明。

 王学典：您对儒家"礼"观念有非常独到的见解。从生活视角来看，儒家确实曾经提供了宽广而丰富的生活世界，这个生活世界既容纳着伦理礼俗、社会政治等现实向度，又包含了道德追求、精神生活等人生意义空间。

儒家生活方式最重要的特质，或最凸显的特色之一，是儒家家庭、国家、天下这一细密的伦理关系之网，和包括"五礼"的典章制度、"五伦"的人伦行为规范、日常生活行为规矩在内的道德规范之网。儒家构筑了具有封闭性特征的、周延的道德生活世界，形成了以理性的、世俗伦理道德为主要内涵的儒家生活方式，使全体民众能够实现自我认同，并成为具有悠久历史的存在和内化为人们生活本身的固然。

同时，儒家又有着向未来开放的无限可能性。在历史发展过程中，儒家的合理性曾不断地遭遇危机，这危机既有来自外来文化的挑战，也有来自其内部的冲突，而儒家又总能依托人性相同、人格平等的道德理念，采用"和而不同"的实践智慧来消融紧张与冲突，历史上民族融合的实现，儒、释、道的三教兼容，都是例证。而在此过程中，儒家打造了和谐而又多彩的世俗生活，并形成了自己宽容阔大、兼包并蓄的文化品格。

（三）在中国式现代化中建设中华民族现代文明

王　蒙:所以中华优秀传统文化及儒家的现代化,可以落实到生活层面来。我还记得您在全国政协十四届常委会第四次会议后发表的讲演中指出:"中华优秀传统文化应当发挥的一个重要作用,就是和社会主义核心价值观的建设结合起来,重塑民众的价值观念和生活方式。中华民族现代文明的根底也应该是新的伦理价值的确立,并通过将其融入社会生活、内化为生活方式而真正发挥作用"。这几句话细细研究分析起来,内容太丰富了。

传统文化中有丰富的智慧和独特资源,可以参与到中国式现代化进程中来,您讲的儒学的儒家伦理是其中的要义,比如中国的仁义道德、中国的中庸之道等等,也是很独特的资源。中华文明的连续性、统一性、创造性、包容性与和平性的弘扬与现代化,是人类与中国文明史的新的契机、新的可能性,也是中国式的现代化的新的丰富、充实与发展。

从 1840 年鸦片战争,中国近代史开始以来,半殖民地半封建社会的中国陷入深重的国家、民族、社会、经济、文化危机。中国的仁人志士、中国人民历经以夷制夷、中学为体、西学为用、变法维新、三民主义辛亥革命,最终选择的是革命的现代化;万众一心、群策群力、保家卫国、建设现代化国家,实现人民幸福生活的新中国,树立与实现中华民族发展振兴的伟大理想，实现中国式新民主主义——社会主义现代化的道路。

现代化、全球化的必然性，对于人类命运共同体的深切体悟与关切，对于现代化的道路、模式的多样性与自主性的理解，合作共赢的提出，面对世界变局的担当与合理认知，是中国式现代化原则的宣示。

 王学典：非常感谢先生的关注。我也只是有一些浅显的想法，还不成熟，只是盼着能够借此机会向您请教。

我也关注到先生您讲过中国式现代化是中国革命的现代化，是中国人民的现代化。关于这个现代化的主题，您的定位是非常准确的。那么，怎么理解像您说的中国革命的现代化，中国人民的现代化呢？

我认为我们对现代化本身得有一个理解。王先生您对中国式现代化的解读我完全赞同，同时，习近平总书记反复强调中国式现代化是当下最大的政治。为什么是当下最大的政治？习近平总书记这句话有深刻的含义。这就需要我们从现代化本身去理解。

所以我总是在思考一个问题：现代化为什么会破坏传统，现代化为什么会破坏环境？现代化为什么会不重视人的生命？如果不能从现代化本身来理解，我们把握不了这些东西。现代化、工业化对传统、对环境的破坏我们都是有目共睹。那么就产生一个问题：现代化究竟为什么一定会破坏环境，会毁灭传统，会不重视人的生命感受？我想来想去，我最近想明白了这个问题。

现代化的本质，或者说西方式现代化的本质，就是从它产生的时候起，就是把社会生产、把经济活动交给资本来组织。西方社会的现代化就是把生产活动、经济活动都交给资本来组织。

资本，按照马克思的说法，资本唯一的追求是自身的增殖，是对利润的追求。而且马克思在《资本论》中论述资本原始积累时，有一个引用（引用自托·约·邓宁《工联和罢工》），马克思很形象地说明了资本的冲动："一旦有适当的利润，资本就胆大起来。如果有10%的利润，它就保证到处被使用；有20%的利润，它就活跃起来；有50%的利润，它就铤而走险；为了100%的利润，它就敢践踏一切人间法律；有300%的利润，它就敢犯任何罪行，甚至冒绞首的危险。如果动乱和纷争能带来利润，它就会鼓励动乱和纷争。"现代化就是把生产交给资本来组织的一个结果，它就是把全部的生产活动、全部的经济活动都交给资本来组织。比如美国的马斯克，你想怎么做就怎么做，只要不违背法律。

也就是说，资本与现代化是以追逐利润为自己的最高追求。艾恺也明确指出："现代化对任何事物唯一的价值标准就是'效率'。"在资本追逐利润的过程中，不断进行资本积累，不断扩大再生产，然后扩大市场，这是资本的生长机制。而在资本不断吸纳所有生产资料、所有资源，以滚雪球般重复、扩大上述循环的过程中，任何有利于资本扩张的东西都被吸纳进来，一切与资本增殖无关的东西都遭到了破坏。那么传统文化、自然环境、人文感受这些东西，在近二百年的资本扩张过程中，是不能为资本增殖服务的，甚至会是它的妨碍。那么资本会顾及传统吗？它会顾及环境吗？它会顾及其他人的感受吗？它会顾及平等吗？不会顾及。这就是资本、现代化破坏传统、破坏环境、破坏人文精神的一般机制。

所以中国式现代化的要害就是在这个地方要有不同。中国式现代化是在欧美的民主宪政之外的现代化。也就是说，这里我想说明，我们中国既想释放资本在组织生产、发展经济上的效益，同时又给资本画上一个道德界限、伦理界限，特别是法律界限与政治界限。这才是中国式现代化。就是中国不能把生产，把所有的经济活动都交给资本来组织；政府也要参与组织，共产党必须要组织生产，必须要参与这些活动，必须要见证这些活动。

很多人都认为最近中国经济发展好像速度慢了，后果如何如何。我有时候有一点其他的想法，慢一点也没什么坏处，快就那么好吗？20世纪90年代天天匆匆忙忙，也有马上要天翻地覆的感觉，那个就这么好吗？原来的环境没有了，原来的生物没有了。我1998年左右在《齐鲁晚报》上看到了一篇报道，说一个人回老家，他很疑惑我家的山头上为什么没有鸟叫了？因为他读大学每年放假回家的时候，都到旁边一个山上玩。那里森林茂密，各种鸟叫声非常悦耳。但是他1998年回到老家以后，回到那个山上，一声鸟叫都没有了。他再仔细探究发现是有鸟但没有叫声了。最后他就找到县里某些部门去问，他们说那个鸟吃了农药，把嗓子哑了。再例如，在我住的小区旁边，有一大片草坪，那个草坪里根本就看不见一只蚂蚱。这些现象都在警示我们，在重视发展速度的同时，必须顾及它的种种负面影响。这就是资本对利润追求的一个结果。

所以中国不能走这条道路。尤其是中国作为一个文明大国、文明古国，涉及14亿多人，这么大面积的一个巨量国家，我们的现代化不能简单地就把生产，把组织经济活动与生产活动的主动权、所有权都交给资本，中国不能走这条道路。这就是中国式现代化的要义。我们为什么要搞中国式现代化，而不是其他的现代化，我个人理解，要义就在这个地方。

我们只有明白西方式现代化本质上是由资本来组织生产这个核心特

征，才能了解、真正理解中国式现代化的含义，理解它针对的是什么东西。

习近平总书记为什么说我们的中国式现代化是赓续传统的现代化，而不是毁灭传统的现代化；是要追求平等的现代化，而不是仅仅追求效率的现代化；是追求青山绿水的现代化，而不是那种毁灭青山绿水的现代化？我觉得那完全是在总结了人类历史上、在现代化进行过程当中所呈现的这些经验教训基础上，而选择的一条新的、健康的现代化道路。

 王　蒙：学典教授您讲得非常深刻。一个是大学，一个是知识分子，我觉得有必要对问题的各个方面进行探讨。

当然，任何的发展都是有代价的。一个重要的发展，就是《共产党宣言》发表的时候，实际上是从农业文明到工业文明的发展。从农业文明到工业文明的发展，如果要是换用诗人墨客的乡愁的眼光去看，你会看到一系列的失落，感受到一系列的失落。比如农村的人和人的那种纯朴的关系没有了等等。因为我在新疆待过，待过十六年，我回来已经三十多年了。新疆已经大大地发展了，比原来漂亮多了。但是很简单，水磨已经没有了，现在已有电磨，很方便，还要大大的水磨干什么？有些劳动工具已经都变化了。

所以发展，尤其是文化的发展，在取得进步的时候必然带有失落。而且还有一条，发展的同时恶性也会发展起来。黑格尔的名言，说恶是发展的动力和杠杆。马恩也有类似的话。比如说你如果从党员的作风来说，在发展的过程中，现在的贪腐就比改革开放前多多了。那个时候有几个贪腐？能上哪贪腐去？那时候粮食用粮票，食用油凭油票。（王学典：对，物资很有限）北京的这个首善之区，一个人的肉票是半斤的，芝麻酱、粉条、干电池都是凭票买的。在那种情况之下，想腐化都腐化不了。当然那个时候也有那个时候的问题。

正因为这样，我们强调的现代化，我们所说的中国式现代化，就是中国特色社会主义的现代化，而且是中国共产党领导的现代化，而且这个长期执政的党是一个始终处在纪委监督之下且具有自我革命意识的政党。特别是教授在其他场合也谈到了全面从严治党的问题。这一点呢是从毛主席那个年代就特别忧虑的问题，所谓糖衣炮弹，所谓变颜色（"颜色革命"），我们有这个方面的清醒认识。

可是又反过来说，即使有这样那样的代价，但是不能不发展。你不发展，老停留在那个过去的情况，老停留在阿富汗的水平，这是不行的。发展，第一呢必然会有代价，第二要做好许多许多准备，第三再有代价再准备，还得发展，发展才是硬道理。

同时呢，现代化这个问题在全世界也是很复杂的一个问题，西方的某些发达国家，对发展，对现代化这两个词争议极多。国外反对全球化的人就多了，不但不发达国家会反对，不但伊斯兰国家会反对。20世纪、21世纪一个非常复杂的问题就是伊斯兰世界对现代化的反感。因为现代化的另一方面就是强势的西方国家有意无意地要用自己的文化，取代它老祖宗的文化。阿富汗它就不接受现代化，塔利班它不会接受现代化的这个观念。可是发展的观念又不一样了，阿尔及利亚呢，它提倡的是伊斯兰社会主义，它在某种意义上学习中国的很多经验，但是他们意识形态又是伊斯兰主义。非洲就有非洲的各种情况。

而且很多生产力发达的富裕国家，也反现代化。原因很简单，一旦全球化，第三世界的工资要少，很多活就都到了第三世界来了。所以它非常反对现代化。在意大利、在美国，开会游行等，都会有这样的情况。

恰恰是中国共产党义无反顾地选择了现代化，是马克思主义者选择了发展，尤其是生产力的发展。马克思主义者选择了全球化。我们对全球化，包括习近平总书记在许多场合讲的人类命运共同体、世界性、"一带一路"倡议，这些表明我们从思想上、从行动上是接受全球化的，不是抵抗全球化的。

所以可以设想一下，我们中国的现代化有多么不容易，有多么复杂。我们的目标方向是尽快发展起来，用社会主义的方法发展起来。但是做起来是一个摸着石头过河，是一个经常会一脚深一脚浅的过程；是一个需要大家都来学习，来努力，同时大家既要都有信心，还要有相当耐心的过程。

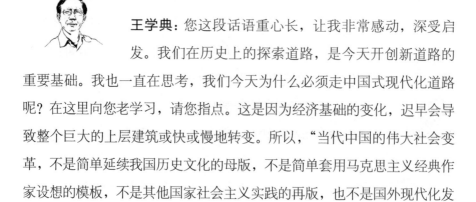

王学典：您这段话语重心长，让我非常感动，深受启发。我们在历史上的探索道路，是今天开创新道路的重要基础。我也一直在思考，我们今天为什么必须走中国式现代化道路呢？在这里向您老学习，请您指点。这是因为经济基础的变化，迟早会导致整个巨大的上层建筑或快或慢地转变。所以，"当代中国的伟大社会变革，不是简单延续我国历史文化的母版，不是简单套用马克思主义经典作家设想的模板，不是其他国家社会主义实践的再版，也不是国外现代化发展的翻版，不可能找到现成的教科书"。新的时代条件，决定了我们必须创造属于我们这个时代的、与中国式现代化相匹配的、对西方文化有竞争力的新文化，并最终实现建设中华民族现代文明的宏伟目标。

中国式现代化的提出，更有深层次的思想学术背景。西方主导的现代化进程走到今天，其实已经暴露了一些弊端，关于这一问题西方世界已经出现了一些反思，这就是西方反现代化思潮的兴起。比如在美国学者艾恺看来，现代化创造了人类生活物质条件方面的改善，但"它带来的每一个利益都要求人类付出对他们仍有价值的其他东西作为代价"，也就是同时"摧毁了种种人类重要的价值、制度及其他实体"，人们"继续为传统生活、家庭伦理、教会与社区，明晰道德理脉中紧密的个人关联、安稳的社会地位、与自然相契合等，大声疾呼"。这就导致人们在现代化进程中出现了更甚于之前的痛苦感受。正因如此，现代化的进程中才需要我们去回望传统，回望轴心时代的思想成果和价值追求，以反思、检验现代化的进程，以重新思考人类文明、中华文明的前进方向。

当然，这样一种反思和检验的成功，离不开实践经验的总结。在"建设中华民族现代文明"的号召下，我们可以经由中国式现代化推动东方伦理型生活方式的落地。是不是能够提出打造"东方伦理型生活方式"的一个尝试，以为将来作为中国式现代化道路探索的东方伦理型生活方式理论与实践的成熟打下良好基础呢？

如果问我们现在的主流生活方式是什么？目前没有人能说清楚。一百多年前中国的主流生活方式是儒家的生活方式，现在西方流行的是自由主义的生活方式，我们现在的主流生活方式是什么？不知道。我们如何借鉴儒家的生活方式，打造一个与中华优秀传统文化可对接、与中国式现代化道路相结合、与西方式自由主义生活方式相媲美的一种崭新的生活方式，是值得我们认真探讨的。未来带有东方特色的生活方式是什么样的？习近平总书记心目当中的理想生活方式是什么？我们应该作出相关的实践上的探索，我对这一点非常期待，而且也非常愿意投身到这个新的生活方式的打造当中去。

对于这个问题我思考了多年了，我认为东方伦理型生活方式具有以下几个原则，我想在这里冒昧地提出来，请先生您品评指点：

第一，是人伦情义。"人伦"是以伦理为纽带的社会关系。儒家的道德准则是从人际关系推演出来的，既照顾到了个体自然本能的感情需求，也有面向社会国家的道义责任，可以概括为"情义"。传统中国的人伦情义经过了现代化和市场经济的考验，富有温情、亲情、人情、友情，仍然是东方社会的特点，"有情有义"仍然是社会上赞扬一个人的重要道德标准。

第二，是君子人格。"君子"是儒家所推崇的理想人格，包括独立意志、自强不息、内省修身、立己立人、和而不同、温柔敦厚、宽容博大等价值品行。君子人格理想对中国文化的基本价值观念、民族精神的形成产生了深刻的影响，至今仍是人们辨是非、论善恶的基本标准。东方伦理型生活方式的核心，在个人层面就是塑造有教养、有操守、有追求、有境界的君子。

第三，是家庭本位。"家庭"是中国社会生活和政治治理的核心。习近平总书记指出："无论时代如何变化，无论经济社会如何发展，对一个社会来说，家庭的生活依托都不可替代，家庭的社会功能都不可替代，家庭的文明作用都不可替代。"儒家文化重视家庭的作用，强调所有的家庭成员都对自己的家庭和家族负有责任与义务。"家庭不只是人们身体的住处，更是人们心灵的归宿"，中国家庭对个人提供的温情和支持，是优于西方的个人本位的。尽管近代以来传统家庭伦理关系受到很大冲击，但是中国人对家庭亲情与家庭价值的重视并未动摇。家庭本位是中国其他传统价值观念的基础。

第四，是贤能政治。儒家的政治理想是"选贤任能"，理想社会的治理必须通过贤能政治来实现。这是一种推举制，不是一种选举制，对领导人有特殊的道德要求。中国式贤能政治是传统中国用来衡量社会进步政治清明与否的主流标准。

第五，是礼仪社会。"礼仪"是儒家理念在社会实践中的直接表现。传统中国被称为"礼义之邦"，上至国家外交，下至个人生活，都重视礼节和仪式。即便是经过西方礼仪传入的冲击，传统礼节仪式及其教育仍然长盛不衰。可以说，在待人接物、婚丧嫁娶、传统节日等日常礼节仪式中，都承载着中国传统文化的精神内涵。

第六，是道义经济。儒家的经济理念是"道义经济"，追求道义至上，保障基本民生，为经济活动和利益追逐设置伦理界限。儒家追求的道义经济，与社会主义市场经济，在总体理念上是一致的：防止两极分化，维系社会和谐，是两者的共同追求。

第七，是法治规范。中国古代"纳礼入律"，形成了以法律儒家化为特色的"中华法系"，其中蕴含的礼法并用、以和为贵、明德慎罚、执法如山等传统法律文化精华，深刻影响到当代中国法治理论与实践。东方伦理型生活方式必须建立在现代法治基础上，并必须凭借法律规定纠正传统儒家生活方式的弊端，保障个人权益，规范人情关系。

　　总之，东方伦理型生活方式，是一种现代范畴内的生活方式。如果说它和传统生活方式有联系，那么可以说它是儒家生活方式的现代版，而不是儒家生活方式的原样再版。

　　我个人感觉有必要建立这样一种既非西方的，也不属于传统的，更不同于以往苏联式的新的生活方式。毛泽东时代的样板是农业学大寨，工业学大庆。邓小平时代的样板是深圳，是浦东，是沿海十四个开放口岸。毛主席强烈反对物质刺激，邓小平主张不管黑猫白猫抓住老鼠就是好猫。所以我们能不能建立一个既非西方的又非传统的，更不同于中国改革开放前的这样一种新的生活方式，在东方、西方之间，在传统、现代之间锻造一个新的生活方式。换句话说，我们能不能提供一个与中国道路相匹配、与中国传统文化可对接的一种新的生活方式。这攸关儒家文化，攸关中华文明的崛起。我认为，东方伦理型生活方式能够为我们传承中华优秀传统文化提供一个可靠的载体。我们能不能作进一步尝试，这非常值得期待！

　　王　蒙：你提出的东方伦理型生活方式非常重要，值得进一步研究。中华文化化育着生活方式，规范着社会秩序，同时提供了高端理想。"世界大同"，是中华传统文化中早已出现的原始共产主义萌芽；"无为而治"，老子与孔子的这一共同命题，也通向马克思恩格斯关于国家机器消亡的设想。中国选择马克思主义绝非偶然。中华传统文化的瑰宝在于它的文化理想与道德理想，在于它的大同思想与整体主义，在于即使在长期封建王朝条件下，仍然存在着勇敢忠贞的文化监督与道德监督，例如规谏制度。

咱们谈的既有对习近平文化思想认真的学习领会，又有对实际生活的观察、评价和人生的经验，当然也有读书学习的体会，甚至苦学、苦思的一些心得。我想通过我们的讨论，能够达成这样一种共识：继承传统与建设现代文明必须结合起来。坚持中国式的现代化是大方向，是我们的骨气、志气与底气；改革开放"摸着石头过河"，学习与消化一切先进的经验，不断完善不断充实与发展是中国式的智慧与文明，是我们的阳光大道，是中国梦的落实与更进一步的发展。而文明对话与文明互鉴道路下人类命运共同体才能有更好的出路；建设中华民族现代文明的号召恰逢其时，用意深远，是实现中国式现代化的重要内涵。我们也共同希望外部世界能够更理解中华文明的思路与特色，希望中华文明更自信也更智慧地对待世界的麻烦，应对不止一处的对于人类文明的威胁与挑战，出现惠利于人类命运共同体的中国智慧与中国方案。所以我们讨论的是这样一些核心的大问题，是很有意义的，盼望能尽到我们的微薄的力量，至少可以供各方面参考，也盼望能得到更高明的校正。

后　记

　　这部《传统文化与中国式现代化——王蒙王学典对谈录》，从头到尾是在王蒙先生的倡议与指导下完成的。当然，这里的所谓"对谈"来自王蒙先生对敝人的错爱与抬举，敝人与先生在身份和辈分上严重不对称，在这里我实际上是作为后学晚辈向师长请益。

　　所以首先我要向王蒙先生表达敬意。

　　我和先生的一部作品是同龄人。先生的《组织部来了个年轻人》这部小说发表于1956年，我恰好是1956年出生的。记得"文革"结束之初，我买过一部作品集，这个集子搜罗了许多当年被认为是有问题的文献，叫作《重放的鲜花》。其中包括丁玲的《三八节有感》等等，《组织部来了个年轻人》也在里边。记得看完这部作品后我自己泪流满面，感动异常。当时感动的流过泪的另一部作品是《伤痕》，这篇小说是"文革"结束之后发表在《文汇报》上的。这两部作品触动我的实际上是那么一点点人间温情，是那么一点点正常的爱情。王先生小说中对爱情场面与氛围的那种描绘，直到现在我也难以忘怀。更感人的是，先生把爱情想象得那么纯洁，用浪漫主义手法表达得这么干净，同时又如此打动人心。

　　读过《组织部来了个年轻人》之后，我就继续追踪先生的作品，读过先生在 1980 年前后发表的大部分小说，像《布礼》《夜的眼》等等，先生对一些新的文学手法如"意识流"和"现代主义"的尝试曾在当年产生过重大争论。另外，先生在《人民日报》上还发表过若干篇非常著名的文学评论文章，其中一篇叫《文学：失却轰动效应以后》，笔名是阳雨，给我印象极深。再后来影响巨大的就是那篇《坚硬的稀粥》了。记得先生还有一篇文章曾引发过思想文化界的普遍关注，并由此爆发了一场波及全局触动社会的人文精神大讨论。我提及先生的上述作品及其影响是想说明，先生的地位与影响力，绝不限于文学界，他是近四十年来能左右整个中国思想文化走向的极少数人之一。

我本与先生素昧平生，只因被聘为中央文史馆特约研究员，与先生在馆里组织的几次学术活动中相遇。或许是本人的某次现场发言让先生注意到了我，遂有此次天上掉下来的"对谈"。

能有这样一个非常宝贵而难得的学习机会，向先生直接请教，我感到莫大的荣幸，甚至可以说是三生有幸！自从接到先生"对谈"倡议以来，我一直在思考相关问题。2023 年 11 月《对谈录》进入文字整理阶段，在这个过程中我时常通过电话、微信、邮件等多种方式向先生汇报请教，曾得到先生许多次细致的回复，同时也激发我产生了很多新的想法。其中关于如何深入理解中华文明的五个特性、如何深刻把握现代化的本质、如何处理传统与现代的关系等，在《对谈录》中都有所反映。可以说是先生启发了我的思考。

如果说王蒙先生是这本《对谈录》的播种者，那么人民出版社总编辑辛广伟兄则是这本书的助产士，没有他的辛苦协调、全力推动和细致安排，就不会有本书的问世；中央文史馆文史业务司耿识博司长曾多次鼓励推动我参与此场对谈；我的同班老同学王萍兄作为本书的特邀编辑，也深度参与了本书的前期工作。人民出版社高度重视该书稿，除刘志江同志全程参与外，还组成了由陈光耀、毕于慧、朱云河、刘志江、刘畅、邓浩迪等同志参加的审读组，作了认真审校和润色；王蒙先生的秘书武学良兄，也帮助处理了许多琐碎的事务，在此一并致谢。

这里，我要特别感谢山东大学儒学高等研究院张道奎博士，他现在儒学院做博士后研究工作。应王蒙先生和我的邀请，他在整个对谈过程中作为我们的助手，协助处理了全部初稿编排分节和文字整理编辑等相关工作，他的努力和水平得到了王蒙先生的高度认可。谢谢道奎，并祝他有一个好的学术前程。

还应指出的一点是，此本《对谈录》除了少数内容是在既有文字基础上编辑的外，绝大多数带有现场整理的性质。强调这一点是想说明，由于书稿是对谈性质，所以内容上还多少存在着表述上的不够严谨，如兴之所至时的随意性，谈论甲问题时岔到乙问题上且有时忘记返回的发散性、跳跃性等情况，虽后期已经调整完善，但仍有不周之处。同时，人民出版社根据相关规范和要求，也作了一些删节和调整。凡此种种，恳请读者明察与谅解。

"对谈"虽然结束了，但相关的思考没有终结。在此谨祝王蒙先生健康长寿，继续为中国文化思想界贡献更多基于阅历、经验和天才的思考，愿中华优秀传统文化绽放出更加灿烂的光辉。

王学典

2024 年 5 月 14 日